MÜNDLICHE WISSENSCHAFTSSPRACHE

Kommunizieren · Präsentieren · Diskutieren

Alles Digitale zu diesem Buch kann auf der Lernplattform **allango** von Ernst Klett Sprachen abgerufen werden. So geht's:

| QR-Code scannen oder **www.allango.net** aufrufen | Buchtitel oder ISBN in der Suche eingeben und auf das Buchcover klicken | Zum Inhalt navigieren, direkt abrufen oder speichern |

Zu diesem Buch auf allango verfügbar: **Audios, Videos, PDFs, Links.**

Daisy Lange • Stefan Rahn

MÜNDLICHE WISSENSCHAFTSSPRACHE

Kommunizieren • Präsentieren • Diskutieren

Ernst Klett Sprachen GmbH
Stuttgart

1. Auflage   1 ⁷ ⁶ ⁵ ⁴ ³ | 2027 26 25 24 23

Fachliche Beratung: Christian Fandrych

Redaktion: Claudia Kreuzer
Layoutkonzeption: Marion Köster
Satz und Gestaltung: DOPPELPUNKT, Stuttgart
Illustrationen: Matthias Pflügner, Berlin
Umschlaggestaltung: Marion Köster, Andreas Drabarek
Druck und Bindung: Elanders GmbH, Waiblingen

Printed in Germany
ISBN 978-3-12-675367-8

INHALT

VORWORT

Die Reihe *Deutsch für das Studium*

Hochschulen funktionieren nach eigenen Regeln. Dazu gehört auch eine spezifische Sprache. Die Reihe **Deutsch für das Studium** durchleuchtet dieses komplizierte System und macht es transparent. Die drei Bände der Reihe vermitteln sowohl Deutsch als Wissenschaftssprache als auch die akademischen Traditionen und Konventionen an bundesdeutschen Hochschulen und geben Antworten auf folgende Fragen: Wie funktionieren der Wissenschaftsbetrieb sowie die Wissensrezeption und -produktion? Welche besonderen Merkmale hat die deutsche Wissenschaftssprache? Wie verwendet man sie richtig beim Sprechen und Schreiben in Studium und Wissenschaft? Mit welchen Hindernissen sehen sich Studierende konfrontiert und wie können diese Schwierigkeiten überwunden werden? Die Lehrbuch-Reihe versteht sich als Beitrag dazu, den bundesdeutschen Wissenschaftsbetrieb zugänglicher für alle Studierwilligen zu gestalten, unabhängig von deren sozialer oder kultureller Herkunft.

Deutsch für das Studium zeichnet sich durch folgende Merkmale und Besonderheiten aus:
- Konsequente Verwendung von authentischen Wissenschaftstexten sowie Audio- und Videosequenzen statt journalistischer oder populärwissenschaftlicher Beispiele.
- Leicht verständliche, kleinschrittige Anweisungen zum wissenschaftlichen Lesen, Schreiben, Hören und Sprechen, verbunden mit vielen Übungen.
- Interkultureller Vergleich von Wissenschaftstraditionen und -sprachen.
- Aufgaben zur kritischen Auseinandersetzung mit den Schreibprodukten und Diskussionsbeiträgen anderer Studierender und Wissenschaftler_innen.
- Praktische Redemittellisten, Grammatik-Übersichten, Checklisten, Feedback-Instrumente sowie Projektaufgaben mit direktem Bezug zum Studienalltag.

An wen richtet sich *Deutsch für das Studium*?

Die Reihe unterstützt Studierende und Promovierende, die
- Deutsch als Fremd- oder Zweitsprache (ab dem C1-Niveau) oder als Muttersprache sprechen,
- den Übergang von einem allgemeinsprachlichen Deutschkurs zum Fachstudium an einer deutschen Hochschule meistern wollen,
- entweder in studienbegleitenden Kursen oder im Selbststudium lernen.

Deutsch für das Studium richtet sich vorwiegend an Studierende und Promovierende aus den Geistes-, Kultur- und Gesellschaftswissenschaften, da größtenteils mit Textbeispielen aus diesen Fachbereichen gearbeitet wird.

Darüber hinaus richtet sich die Reihe an folgende Fachkräfte:
- Lehrende an Fachhochschulen, Universitäten, Studienkollegs, Volkshochschulen, Goethe-Instituten und ähnlichen Einrichtungen im In- und Ausland
- Schreibberater_innen an Schreibzentren
- Personen mit Mentoring-Aufgaben an allgemeinbildenden Schulen und Hochschulen

Wie ist die Reihe aufgebaut?

Die Reihe Deutsch für das Studium setzt sich aus drei Bänden zusammen, jeder Band verfolgt einen anderen Schwerpunkt:
Band 1: Wissenschaftssprache verstehen
Band 2: Wissenschaftlich arbeiten und schreiben
Intensivtrainer zu Band 2
Band 3: *Mündliche Wissenschaftssprache*

Hinweise zu diesem Band

Das Sprechen über wissenschaftliche Gegenstände ist ebenso wichtig wie das Schreiben, denn ein Großteil der Wissensvermittlung im Studium erfolgt auf mündlichem Wege. Oft ist es erst die mündliche Interaktion in Seminardiskussionen, Tutorien, Referaten usw., durch die rezipiertes Wissen verarbeitet, eigene Gedanken entwickelt und schließlich Schreibprozesse ermöglicht werden. Solche **Kommunikationssituationen an der Hochschule** lernen Sie in diesem Band kennen. Sie setzen sich mit den Anforderungen in Vorlesungen, Seminaren, mündlichen Prüfungen, Sprechstunden, Gruppenarbeiten und verschiedenen Vortragssituationen auseinander. Sie lernen, wie Sie sich gut auf diese Situationen vorbereiten und wie Sie daran teilhaben können. Sie finden Antworten auf die Fragen: Was wird von mir erwartet? Welche Strategien gibt es, die mir das Lernen in diesen Situationen erleichtern? Wie gehe ich mit Schwierigkeiten um? Audio- und Videodaten, die an deutschen Hochschulen aufgezeichnet wurden, geben Ihnen dabei einen authentischen Einblick in verschiedene Gesprächssituationen. Mit konkreten Anwendungsaufgaben wird darüber hinaus versucht an Ihren persönlichen Studienalltag anzuknüpfen.

Ein weiterer Schwerpunkt des Bandes sind **sprachliche Handlungen**, die Sie für Ihr Studium bzw. Ihre wissenschaftliche Arbeit brauchen, zum Beispiel ‚eine Präsentation einleiten', ‚eine Diskussionsfrage stellen', ‚Zweifel äußern' und ‚Forschungsliteratur bewerten'. In der Regel setzen Sie sich zunächst rezeptiv mit solchen Handlungen auseinander, lernen sie von anderen zu unterscheiden und verstehen, welche Relevanz diese Handlungen für die jeweilige Kommunikationssituation haben. Mit speziellen Redemitteln üben Sie dann auch produktiv, sich sprachlich und wissenschaftlich angemessen auszudrücken.

Band 3 ermöglicht es Ihnen, kleinschrittig und in Ihrem eigenen Tempo zu arbeiten, Prioritäten zu setzen und eine Auswahl der Themen zu treffen, die für Sie wichtiger sind oder bei denen Sie noch Lernbedarf sehen. Sie können das Buch also **nach ausgewählten Themen** nutzen, aber natürlich auch **chronologisch** durcharbeiten. Die Verweise (❷) helfen Ihnen, das erforderliche Vorwissen zu identifizieren und schnell dorthin zu finden, wo dieses Wissen vermittelt wird. Die Mehrzahl der Übungen funktioniert für Lernende in Kursen wie für Selbstlernende. Einige Aufgaben setzen **eine_n Partner_in Hbzw. eine Kleingruppe Ivoraus.**

In Band 3 werden inhaltliche Bezüge zu den beiden anderen Bänden hergestellt. Wenn Sie diese schon bearbeitet haben, ist das von Vorteil für Ihre Lernprozesse und die Arbeit mit Band 3. Es ist allerdings keine Voraussetzung. Es finden sich gelegentlich auch weiterführende Verweise auf zusätzliche Informationen und Material zu den einzelnen Themen. Das betrifft z.B. die Arbeit mit einer frei verfügbaren Datensammlung (einem sogenannten Korpus) zur mündlichen Wissenschaftssprache. Sie erhalten Tipps und Übungsanregungen, wie Sie mit Beispielen aus diesem Korpus arbeiten können.

Das Lehrwerk enthält zum Großteil **authentische Video- und Audiodaten.** Diese Aufgaben sind mit einem Symbol und der entsprechenden Nummer gekennzeichnet, z.B. ▶ 3. Alle Audios und Videos finden Sie auf **allango** (siehe Erklärung auf Seite 1). Die Dateien sind in der Regel durch ein Rauschen maskiert, wenn sensible Informationen (z.B. Namen oder Orte) genannt wurden. Die Audios und Videos wurden für manche Aufgaben verschriftlicht. Geläufige gesprochen-sprachliche Phänomene wie Tilgungen (*nich* statt *nicht*, *is* statt *ist*) oder umgangssprachliche Ausdrücke (*nee* statt *nein*) wurden in ihrer authentischen Sprechweise transkribiert. Auch typische Signale der mündlichen Kommunikation wie Füllwörter (*ähm*) und Rezeptionssignale (*aha, hm, ne?*) wurden in die Transkripte aufgenommen. Auf Sonderzeichen, etwa zur Kennzeichnung von Pausen, wurde weitgehend verzichtet. Lediglich Wort- und Satzabbrüche wurden mit einem Schrägstrich vermerkt. Maskierte Passagen wurden in den Transkripten durch Pseudonyme verschriftlicht.

Mit gezielten Übungsaufgaben und Abschlusstests nach jedem Kapitel können Sie Ihren Lernfortschritt stets überprüfen. Die **Lösungen** finden Sie auf **allango** (siehe Erklärung auf Seite 1). Als Druckfassung sind die Lösungen im Praxisleitfaden für Lehrende verfügbar. Dieser Leitfaden enthält neben den Lösungen zusätzliche Hintergrundinformationen und nützliche Praxishinweise für die Arbeit im Kurs.

Dank

Unser besonderer Dank geht an alle Studierenden und Lehrenden, die uns bei der Erarbeitung dieses Buches mit ihrer Zeit, ihrem Verständnis und oft auch mit Audio- und Videodaten unterstützt haben. Ohne die Bereitschaft dieser Personen, uns authentische Daten in ihrem studentischen und beruflichen Alltag aufnehmen zu lassen, wäre das Buch in dieser Form nicht möglich gewesen. Wir danken auch Prof. Dr. Christian Fandrych für die vielen fachlichen Anregungen im Entstehungsprozess des Buches sowie Claudia Kreuzer von Ernst Klett Sprachen für die konstruktive und überaus angenehme Zusammenarbeit.

Die Autor_innen

Daisy Lange hat Deutsch als Fremdsprache und Italianistik studiert. Sie hat Lehrerfahrungen in DaF und Italienisch an verschiedenen Sprachschulen und Universitäten im In- und Ausland gesammelt und war bis 2018 an der Universität Leipzig, u. a. als wissenschaftliche Mitarbeiterin am Herder-Institut sowie dem Institut für Germanistik beschäftigt (Arbeitsschwerpunkte: Wissenschaftssprache, Leseforschung, DaF-Didaktik).

Stefan Rahn ist wissenschaftlicher Mitarbeiter am Sprachenzentrum der FU Berlin. Er hat viele Jahre im Bereich Linguistik/DaF am Herder-Institut der Universität Leipzig unterrichtet. Zuvor arbeitete er für den Deutschen Akademischen Austauschdienst (DAAD) in London, u. a. am King's College und in der Londoner Außenstelle des DAAD. In seiner Dissertation hat er sich mit mündlichen Prüfungen an der Universität mit deutschen und internationalen Studierenden beschäftigt. Zu seinen Arbeitsschwerpunkten gehören die deutsche Wissenschaftssprache und ihre Vermittlung, die Gesprächsforschung und die Lexikologie. Kontakt: s.rahn@fu-berlin.de.

Lesehinweis und Abkürzungen

In der gesamten Reihe wurde bewusst auf die Verwendung des generischen Maskulinums verzichtet. Stattdessen wird das sogenannte Gender Gap mit Unterstrich (Autor_in) benutzt.

N	Nominativ	D	Dativ	vgl.	vergleiche	Präp.	Präpositionalobjekt
A	Akkusativ	G	Genitiv	s.	siehe	Vf.	Verfasser_in

A Ziele und Formen mündlicher Kommunikation an der Hochschule verstehen // schriftliche und mündliche Wissenschaftssprache unterscheiden // in Vorlesungen und Vorträgen effektiv zuhören und mitschreiben

// VORLESUNG, VORTRAG, MITSCHRIFT //

Mündliche Wissenschaftssprache verstehen und verarbeiten

- Sehen Sie sich die Bilder an. Wo und wann wird an der Universität über wissenschaftliche Themen gesprochen? Wer spricht dabei mit wem? Worüber wird gesprochen?
- Die mündliche Kommunikation an Hochschulen kann je nach Land bzw. akademischer Tradition und je nach Fach unterschiedlich ablaufen. Haben Sie an deutschsprachigen Hochschulen Unterschiede zu Ihren bisherigen Studienerfahrungen wahrgenommen?

Mündliche Wissenschaftskommunikation

1 **Besonderheiten mündlicher Kommunikation an der Hochschule**

▶ 1a–d **a Hören Sie sich die vier Beispiele an. Um welche Kommunikationssituation an der Hochschule könnte es sich jeweils handeln?**

1 _____   2 _____

3 _____   4 _____

b Inwiefern unterscheidet sich die mündliche Kommunikation in Studium und Wissenschaft vom wissenschaftlichen Schreiben? Machen Sie Notizen in der Tabelle.

	Schreiben (z. B. wissenschaftlicher Artikel)	Sprechen (z. B. wissenschaftlicher Vortrag)
Beteiligte Personen	Verfasser/in des Artikels, Leser/in	
Ort und Zeit	Schreiben und Lesen eines Textes findet zu unterschiedlichen Zeiten statt	
Interaktivität	keine Nachfragen möglich, …	
Gestik / Mimik	nicht vorhanden	
Vertrautheit zwischen beteiligten Personen		unterschiedlich Konferenz: … Seminar: …
Verwendete Medien und Materialien	Schrift / Text, Grafiken, …	
Welchen Einfluss auf die Sprache könnte das haben?	größere Genauigkeit, unpersönlicher Stil, …	

> **// DEN RICHTIGEN TON TREFFEN //** Die mündliche Wissenschaftskommunikation ist nicht immer einheitlich. Sie verändert sich je nach Situation, Ziel und Gesprächsbeteiligten. Eine mündliche Äußerung, eine Rede, ein Gespräch etc. kann der Schriftsprache dabei mehr oder weniger ähnlich sein. Ein wissenschaftlicher Konferenzvortrag zum Beispiel ist sprachlich konventioneller gestaltet als ein Vortrag vor Kolleg_innen, die man gut kennt. Ein Sprechstundengespräch über das Thema der Bachelorarbeit ist sprachlich formeller als ein Pausengespräch unter Studierenden über dasselbe Thema. Die jeweiligen Unterschiede zu kennen, ist wichtig für eine gelingende Kommunikation und ein erfolgreiches Studium.

c **Notieren Sie, in welchen Kommunikationssituationen die folgenden Äußerungen gemacht wurden. Begründen Sie Ihre Meinung.**

1 Ich werde im Folgenden kurz auf meine Gliederung eingehen.

studentisches Referat / Vortrag

2 Dazu hab ich noch nicht so viel Literatur finden können, aber ich schau bis nächste Woche nochmal nach.

3 So, was ist denn Ihr Anliegen? Aus Ihrer Mail ging das noch nicht so richtig hervor.

4 Könntest du dir vorstellen, das mal im Rahmen eines Gastvortrags bei uns am Institut vorzustellen?

5 Ich hätte dazu noch mal 'ne Nachfrage. Was hat das denn für Auswirkungen, wenn wir die Arbeit nicht fristgerecht einreichen können?

6 Ich habe heute Folgendes mit Ihnen vor: Zunächst wiederholen wir die Merkmale des Frühneuhochdeutschen. Sie erinnern sich, das war unser Thema letzte Woche.

> **// SPRACHLICHES HANDELN (TEIL 1) //** Sprache lässt sich als Werkzeug verstehen, das man benutzt, um bestimmte Ziele zu erreichen. Zum Beispiel: Wer etwas nicht weiß, kann jemand anderen danach *fragen*. Wer eine Veranstaltung moderiert, wird zuerst das Publikum *begrüßen*. Wer etwas Interessantes erlebt hat, *erzählt* es seinen Freunden. Solche sprachlichen Handlungen prägen unseren Sprachgebrauch, auch in der Wissenschaftskommunikation. Häufige wissenschaftliche Sprachhandlungen sind zum Beispiel das Erklären (von Zusammenhängen, Begriffen, Modellen), das Begründen (von Ansichten, Methoden, Forschungsergebnissen), das Bewerten, Vergleichen, Zusammenfassen usw.

a Sehen Sie sich die Äußerungen in Aufgabe 1c noch einmal an. Wie wird dort sprachlich gehandelt?

Der Sprecher / die Sprecherin …

1 kündigt etwas an   2 _____

3 _____   4 _____

5 _____   6 _____

b Lesen Sie die folgenden Äußerungen aus Vorträgen. In allen wird dieselbe sprachliche Handlung vollzogen. Welche ist es und welche sprachlichen Mittel machen das deutlich?

1 „Wir konnten keinen Zusammenhang zwischen den beiden Variablen feststellen. Die Hypothese muss daher als widerlegt gelten." *daher (Adverb)*

2 „Meines Erachtens ist Friedrichs Verständnis von sozialer Integration hier zu eng, denn es geht ja nicht nur darum, im neuen Land möglichst schnell eine Arbeitsstelle zu finden." _____

3 „Die Möglichkeiten zur Teilhabe an einer Gesellschaft hängen zweifellos davon ab, ob man die Sprache der gesellschaftlichen Mehrheit spricht. Aufgrund dieses Zusammenhangs wäre eine stärkere sprachliche Unterstützung von Einwanderern empfehlenswert." _____

4 „Der Begriff ‚Sprachhandlung' wird in der Forschung unterschiedlich definiert. Eine möglichst weite Definition ist dabei am praktikabelsten. Es droht sonst die Gefahr einer Begriffsvielfalt, die Abgrenzungsprobleme mit sich bringt." _____

> **// SPRACHLICHES HANDELN (TEIL 2) //** Sprachliche Handlungen können unterschiedlich komplex sein und sich auf typische Weise zu bestimmten Mustern und Abfolgen verbinden – je nach Gesprächstyp bzw. Kommunikationssituation. Ein *Vortrag* zu einem Forschungsprojekt umfasst beispielsweise fast immer das *Vorstellen der Gliederung*, das *Zusammenfassen des Forschungsstands* und das *Begründen des methodischen Vorgehens*. Die Zuhörer_innen eines Vortrags erwarten auch genau diese sprachlichen Handlungen in ihrer spezifischen Verwendung. Eine *mündliche Prüfung* dagegen ist gekennzeichnet von einer typischen Verteilung von Fragen und Antworten auf Prüfende und Studierende.

c Für welche der folgenden Kommunikationssituationen sind welche sprachlichen Handlungen aus dem Schüttelkasten besonders typisch? Notieren Sie die jeweiligen Buchstaben.

A einen neuen Termin vereinbaren • B eine Forschungsfrage formulieren •
C wissenschaftliche Positionen vergleichen • D einen Themenvorschlag besprechen •
E Hypothesen aufstellen • F das Publikum begrüßen • G auf Abbildungen verweisen •
H Forschungsliteratur zitieren • I zur Diskussion auffordern • J um Feedback bitten •
K einen Zusammenhang erklären • L eine Frage beantworten •
M einer Äußerung widersprechen

1 Präsentation (eigene Forschungsarbeit)
  B, E

2 Präsentation (Forschungsüberblick, Textzusammenfassung)

3 Sprechstundengespräch

4 mündliche Prüfung

3 **Schriftliche und mündliche Wissenschaftssprache im Vergleich**

a Lesen Sie die folgende Einleitung eines wissenschaftlichen Artikels. Markieren Sie die sprachlichen Mittel, die Sie für typisch schriftsprachlich halten.

Motivationale Orientierungen zum Germanistikstudium
Fallstudie Togo und ihre überregionalen Implikationen

EVA HAMANN

Viele wissenschaftliche Beiträge beschäftigen sich mit den Möglichkeiten der Motivationssteigerung von Deutschlernenden während des Fremdsprachenunterrichts. Dieser Beitrag setzt eher an und zwar bereits bei den Motiven zur Aufnahme eines Germanistikstudiums. Dazu präsentiert er die Ergebnisse einer Umfrage über motivationale Orientierungen zum Deutschstudium in Togo und die Veränderung des Motivationsgrades im Verlauf des Studiums. Gleichzeitig geht er der Frage nach, ob die antizipierten instrumentellen Vorstellungen der Studierenden dem Bedarf des Arbeitsmarktes entsprechen. Die Ergebnisse weisen eine prinzipiell hohe Motivation zum Deutschlernen in Togo auf – die Motive zum Deutschlernen allerdings bedürfen einer genaueren Analyse bezüglich ihrer Umsetzbarkeit. Der Beitrag schließt mit möglichen Lösungsansätzen, die in der Bewusstmachung der Motive, in einer dem Studium vorangestellten Studien- und Berufsberatung und der Anpassung der Curricula an den Bedarf des Arbeitsmarktes liegen. Diese Lösungsansätze können genauso in anderen Ländern und Regionen Afrikas von Bedeutung sein, wo motivationale Orientierungen ebenfalls in Betracht gezogen werden müssen.

(aus: Hamann 2014, S.133)

b Welches Merkmal trifft zu? Ordnen Sie die unterstrichenen sprachlichen Mittel aus Aufgabe a in die Tabelle ein und ergänzen Sie weitere Beispiele.

Merkmal	Erklärung	Beispiele
Unpersönliches Subjekt	Der Text, Artikel bzw. Beitrag ist Subjekt und „handelt", nicht die Autorin.	*Dieser Beitrag setzt eher an …*
Passivische Strukturen	Unpersönliche Ausdrucksweise, z. B. durch das Vorgangspassiv	
Komplexe Phrasen	Komplexe substantivische Wortgruppen / Präposition mit substantivischer Wortgruppe	*… mit den Möglichkeiten der Motivationssteigerung …*
Verweise im Text	Oft durch Pronomen und Verweiswörter mit ‚da-‘, ‚hier-‘	*Dazu präsentiert er …*
Schriftsprachlicher Wortschatz	Stilistisch gehobene sprachliche Ausdrücke	*… bedürfen einer genaueren Analyse …*

c Hören Sie sich nun einen Ausschnitt aus einem wissenschaftlichen Vortrag an. Die Referentin stellt anhand der abgebildeten Folie die Vortragsinhalte vor. Was fällt Ihnen im Vergleich zur Einleitung des wissenschaftlichen Artikels auf?

Struktur des Vortrags

1. Einleitung – Problemdarstellung
2. Der Begriff ‚Dritte Welt'
3. Deutsch im afrikanischen Kontext
4. Selbstdarstellung wissenschaftlicher Zeitschriften im afrikanischen Kontext (*Mont Cameroun* und *Acta Germanica*)
5. Umstrittene Forschungsgebiete
6. Schlussfolgerungen

Verwendung von ‚ich'

...

d Hören Sie die Einleitung noch einmal und lesen Sie dabei das Transkript. Markieren Sie die Stellen und sprachlichen Mittel, die Sie für typisch mündlich halten.

> „Gut. ‚Dritte Welt'? Zum Selbstverständnis der Germanistik in (Süd) Afrika. Ich/ Die Struktur des Vortrags ähm ist ähm zunächst möcht ich mal die Problemdarstellung also das kurz umreißen, dann möcht ich mich zum Begriff der ‚Dritten Welt' äußern und dann über Deutsch im afrikanischen Kontext sprechen. Ähm dann geh ich in einem vierten Punkt auf die Selbstdarstellung wissenschaftlicher Zeitschriften im afrikanischen Kontext ein, nämlich eine aus äh wie man/ wie der Name schon sagt aus Kamerun und eine aus dem südlichen also Südafrika. Dann was sind umstrittene Forschungsgebiete und dann zum Schluss ein paar Schlussfolgerungen. Gut. Zunächst zu der Einführung …"

> // **STIL DER MÜNDLICHEN WISSENSCHAFTSSPRACHE** // Viele stilistische ‚Gebote' und ‚Verbote' für das wissenschaftliche Schreiben (❏ Band 1, Kap. C) gelten nicht ohne Weiteres für die mündliche Wissenschaftskommunikation. Wer einen Vortrag hält, kann persönlicher formulieren (mehr ‚ich'), wiederholt und reformuliert Äußerungen oft mehrmals, verwendet teilweise auch Ironie und Humor. Das liegt an der direkten Interaktion mit dem Publikum. In der mündlichen Wissenschaftssprache finden sich zudem allgemeine Merkmale mündlicher Sprache: Kürzung von Wörtern („möcht ich"), weniger komplexe oder unvollständige Sätze („dann zum Schluss ein paar Schlussfolgerungen"), Überbrückung von Sprechpausen („ähm") usw.

e Welche der folgenden Zitate sind stilistisch der schriftlichen, welche der mündlichen Wissenschaftssprache zuzuordnen? Ordnen Sie auch die Merkmale von Mündlichkeit aus der rechten Spalte den entsprechenden Zitaten zu.

schriftliche Wissenschaftssprache: _____

mündliche Wissenschaftssprache: *1,* _____

1 „Zu Punkt 3 also." *A, E* _____

2 „Im Anschluss an die Methodendiskussion soll abermals auf das Modell Müllers eingegangen werden." _____

3 „Ein Versuch noch der Strukturierung, der Neustrukturierung …" _____

4 „Später zeige ich Ihnen noch die drei Felder, die ich eben ansprach." _____

5 „Ich werd Ihnen etwas zu Metaphern erzählen, und zwar …" _____

6 „Nun ja, so richtig lassen sich die Modelle nicht vergleichen." _____

7 „Dieser Grundannahme zufolge, die weiter unten noch geprüft wird, ergäben sich folgende Implikationen für die Praxis: …" _____

8 „Genau, hier, also der fünfte Balken in der Grafik. Da sehen wir eine Steigerung …" _____

9 „Nun zum Fazit. Ah, nein, erst noch die Diskussion der Ergebnisse." _____

A Unvollständige Sätze (Ellipsen)

B Auslagerungen und Nachschübe

C Zeigen / Verweisen in der Kommunikationssituation (lokal, zeitlich)

D direkte Ansprache der Zuhörer_innen

E Gesprächspartikeln, z.B. zur Strukturierung und Orientierung der Zuhörer_innen

F informelle Sprache, Umgangssprache

G Abbrüche, Wiederholungen, Neubeginn

▶ 3 **f** Nach der Einleitung des Vortrags beginnt die Referentin aus Aufgabe c ein ausformuliertes Skript vorzulesen. Hören Sie den Ausschnitt und markieren Sie diese Stelle im Transkript. Woran ist der Wechsel zu erkennen?

„Dann, was sind umstrittene Forschungsgebiete und dann zum Schluss ein paar Schlussfolgerungen. Gut. Zunächst zu der Einführung, ähm, nämlich der Problemstellung. Welche Bedeutung kann man heute dem Begriff ‚Dritte Welt' beimessen, vor allem im afrikanischen Kontext und aus afrikanischer Perspektive? Mehr noch: Was bedeutet er, wenn man eine europäische und damit koloniale Sprache wie Deutsch und deren Literatur und Kultur an einer südafrikanischen Universität anbietet, wo wir Wissensproduktion im Land und zur Wissensproduktion im Land und im Kontinent beitragen?"

Zuhören, Verstehen, Mitschreiben

1 **Wissensvermittlung im Studium**

a Lesen Sie die Zitate. Welche Eindrücke schildern die Studierenden?

Also bei meinem Studium in Italien war's so, da ist der Prof der einzige, der redet. Da darfst du dir nicht erlauben, etwas „besser" zu wissen. Deine Aufgabe ist es zuzuhören, mitzuschreiben und dann bei der Prüfung alles so wiederzugeben.

Na ja, in Deutschland hatte ich das Gefühl, man bekommt nie richtig umfassendes Wissen zu einem Thema. Es werden meistens nur einzelne Aspekte eines Themas behandelt und die dafür dann sehr detailliert.

Ich hatte bei meinem Studium in Deutschland immer den Eindruck, nie was gelernt zu haben, weil es nie wirklich Fakten gab. Immer wurde alles totdiskutiert.

Dass die Seminare in Deutschland so interaktiv sind, hat mich geschockt am Anfang. Auf einmal musste ich irgendwie immer bereit sein etwas zu sagen, und am besten noch superkritisch sein. Ich war es gar nicht gewöhnt in Frage zu stellen, was die Professorin sagt.

Für meine erste mündliche Prüfung in Deutschland hatte ich alles Mögliche auswendig gelernt, alles, was in der Vorlesung dran war. Aber dann wurde das gar nicht richtig abgefragt. Dafür sollte ich die ganze Zeit was erklären und vergleichen und meine Meinung sagen. Fand ich ziemlich schwer.

b 👥 **Haben Sie ähnliche Erfahrungen gemacht? Tauschen Sie sich mit anderen darüber aus.**

> **// WISSENSCHAFTLICHES WISSEN //** Welches Wissen an der Hochschule vermittelt und gelernt wird und auf welchem Weg das geschieht, hängt von vielen Faktoren ab: Von der Art der Lehrveranstaltung (Seminar, Vorlesung, Übung), vom Fachgebiet, vom Thema und auch vom Stil der Lehrenden. Eine Vorlesung dient vor allem der konzentrierten Vermittlung von Grundlagenwissen. In Seminaren und Übungen dagegen wird gemeinsam an Themen und Fragestellungen gearbeitet: Studierende haben hier eine aktive(re) Rolle. Ziel in Lehrveranstaltungen an deutschsprachigen Hochschulen ist es oft, nicht nur Wissen zu erwerben, sondern – ähnlich wie in der Wissenschaft selbst – dieses Wissen in Frage zu stellen und weiterzuentwickeln. Studierende sollen also auch lernen, Wissen kritisch zu überprüfen.

▶ 4 **c** **Hören Sie sich den kurzen Ausschnitt aus einer Vorlesung zur deutschen Grammatik an. Worum geht es? Fassen Sie zusammen, was als abgesichertes Wissen und was als strittiges, also zu diskutierendes Wissen gelten kann.**

2 **Eigener oder fremder Gedanke? Zitate im Vortrag erkennen**

Peters spricht in ihrem Artikel von den drei Stufen der Integration.

Meiner Auffassung nach lassen sich sogar vier Stufen benennen, nämlich…

a I Warum ist es wichtig, sich beim eigenen wissenschaftlichen Handeln auf die Arbeiten anderer Autor_innen aus der Wissenschaft und Forschung zu beziehen? Was können Ziele dieser Bezüge sein? Tauschen Sie sich mit anderen über diese Fragen aus.

▶ 5 **b** Sehen Sie einen Ausschnitt aus dem Vortrag zur Germanistik in Afrika an. Die Sprecherin setzt sich hier mit dem Vorwort einer Zeitschrift zur afrikanischen Germanistik auseinander. Wie steht die Sprecherin Ihrer Meinung nach den Inhalten aus dem Vorwort gegenüber? Kreuzen Sie an.

☐ kritisch   ☐ neutral   ☐ befürwortend

c Lesen Sie das Transkript des Ausschnitts. Markieren Sie in zwei unterschiedlichen Farben die Stellen, an denen die Sprecherin 1. **Aussagen aus dem Vorwort wiedergibt** und 2. **eigene Gedanken, Positionen bzw. Wertungen äußert.** Begründen Sie Ihre Einordnung.

[…aus der Zeitschrift ‚Mont Cameroun'…] […] gekennzeichnet ist. In diesem Sinne steht Afrika vor titanischen Herausforderungen, die angenommen werden müssen. Zitatende.
Bemerkenswert sind in diesem Zitat zwei Aspekte. Nämlich erstens der selbstverständliche Bezug auf die afrikanische Germanistik, ohne dabei zu berücksichtigen, dass es regionale und oder überregionale Unterschiede im Bereich der Forschung und Lehre im afrikanischen Kontent Kontinent geben könnte. Und zweitens, und das ist vielleicht noch viel wichtiger, ist die ähm durchaus berechtigte Anmerkung, dass Afrika in internationalen Diskussionsforen und Entscheidungsgremien nicht oder kaum in Erscheinung tritt. Aus diesem Mangel leiten die Herausgeber ihre Aufgabengebiete ab – durch die Frage, was die Germanistik in diesem Umbruchsprozess eigentlich leisten könnte.
Daraus entwickeln sie ein Drei-Punkte-Programm, das ihrer Meinung nach die Voraussetzung für eine zukunftsträchtige Germanistik in Westafrika bilden könnte. Erstens: Die afrikanische Germanistik muss noch stärker als vorher ihre Position in der Forschung artikulieren. […] Zitatende. Die Herausgeber verdeutlichen mithin in paradigmatischer Weise, welchen Anforderungen sich Germanisten im westafrikanischen Kontext stellen müssen und wollen. Implizit positionieren sie sich und die Arbeit der westafrikanischen Germanisten damit in der intellektuellen Tradition der Négritude. […] Paradoxerweise wird trotz der Bezugnahme auf diese Tradition, der Rede von einem postkolonialen Diskurs, einer afrikanischen Wissenschaft und einem neuen afrikanischen Selbstverständnis der wissenschaftliche Austausch nicht innerhalb Afrikas oder mit anderen Regionen der sogenannten dritten Welt gesucht, sondern orientiert sich wieder an europäischen und weiterhin an europäischen Modellen. So heißt es nämlich im Folgenden: Die unter vielen schwierigen Rahmenbedingungen erzielten Ergebnisse sind den Afrikanern häufig schwer zugänglich, denn sie erscheinen hauptsächlich in außerafrikanischen Fachzeitschriften. […]

d Sehen Sie sich die Stellen im Transkript in Aufgabe c an, an denen die Referentin auf Aussagen aus dem Vorwort eingeht. Wo zitiert sie Aussagen sinngemäß (= in eigenen Worten zusammengefasst) und wo wörtlich? Notieren Sie in der rechten Spalte im Transkript entweder ein s (= sinngemäß) oder ein w (= wörtlich). Unterstreichen Sie auch die sprachlichen Ausdrücke, an denen Sie das erkennen.

e Ergänzen Sie die Tabelle zunächst mit den Ausdrücken zur Markierung von Zitaten aus dem Transkript. Ordnen Sie auch die weiteren möglichen Ausdrücke aus dem Schüttelkasten zu (Mehrfachzuordnung möglich).

> ich zitiere • so Schmidt • Pauli äußert sich dazu folgendermaßen •
> mit den Worten von Damaris gesprochen • und das stammt so aus dem Text •
> Mannert schreibt • bei Riegert heißt es • heißt es bei den Autoren •
> anders dazu Kleinert • so formuliert es Walter

Zitat einleitend	Zitat unterbrechend	Zitat beendend
		… Zitatende

f Hören Sie sich sechs Ausschnitte aus Vorträgen an. Sortieren Sie die Beispiele zunächst danach, ob wörtlich oder sinngemäß zitiert wird. Hören Sie die Beispiele ein zweites Mal und notieren Sie, mit welchen sprachlichen Mitteln das Zitat jeweils markiert wird.

▶ 6a–f

Wörtlich zitiert	Sinngemäß zitiert
a: Hier möchte ich jetzt etwas zitieren, nämlich: „…" – aus dem Vorwort zitiert – „…".	

3 Strategien des „guten" Zuhörens

a 👥 Tauschen Sie sich darüber aus, welche Möglichkeiten Sie nutzen, um in Lehrveranstaltungen besser folgen zu können und das vermittelte Wissen so gut wie möglich zu „konservieren".

b Hören Sie den Podcast aus dem Projekt studentstories.de der Universität Augsburg. Notieren Sie, welche Arbeitstechniken von Marina empfohlen werden. Diskutieren Sie im Anschluss darüber, ob Sie alle Tipps für gut und umsetzbar halten.

- Skript auf der Webseite des Dozenten herunterladen und durchlesen

---

> **// AKTIVES ZUHÖREN & MITSCHREIBEN //**
>
> Am besten lernt man, wenn man neue Informationen in bereits vorhandenes Wissen einbetten kann. Aus diesem Grund ist es gut, sich gezielt auf die Inhalte von Lehrveranstaltungen und Vorträgen vorzubereiten und sein Vorwissen zu aktivieren. Das kann man tun, indem man Erwartungen zu möglichen Vorlesungs- oder Vortragsinhalten formuliert, sich einige Fragen zum Thema notiert oder sich vorher bereits Fachbegriffe und den thematischen Wortschatz erarbeitet. Das macht es einfacher, sich beim Zuhören auf die neuen und wichtigen Informationen zu konzentrieren und diese mitzuschreiben.

---

c 👥 Geben Sie sich abwechselnd Empfehlungen für „gutes" Zuhören. Wenn Sie einen Tipp für gut halten, notieren Sie ihn in einer individuellen Strategieliste zum besseren Verarbeiten und Behalten von Wissen in Lehrveranstaltungen oder bei Vorträgen. Ergänzen Sie spontan weitere Satzanfänge.

1 Um in einer Lehrveranstaltung / einem Vortrag besser folgen zu können, ...
2 Wenn du den Dozenten / die Dozentin nicht hörst, ...
3 Wenn du einen Begriff nicht kennst, ...
4 Um die Inhalte aus der Vorlesung nicht wieder zu vergessen, ...

5 _____

6 _____

4 Mitschriften gestalten

a Sehen Sie sich die Notizen von zwei Studierenden zum Vortrag über die Germanistik in Afrika an. Worin unterscheiden sie sich? Die Mitschriften finden Sie auf allango.

b Beurteilen Sie die Beispiele nach den folgenden formalen und inhaltlichen Kriterien. Tragen Sie die Nummer der Mitschrift in ein Kästchen auf der Bewertungsskala ein.

FORM	++	+	0	–	– –	
Infos zur Veranstaltung ausreichend						… nicht ausreichend
Mitschrift übersichtlich gegliedert						… nicht übersichtlich gegliedert
Schrift gut lesbar						… schlecht lesbar
Abkürzungen sind verständlich						… nicht verständlich
Grafische Hilfen angemessen verwendet						… nicht angemessen verwendet
Sprachlich verständlich						… nicht verständlich
…						
INHALT						
Enthält wichtige Informationen						… unwichtige Informationen
Enthält ausreichend Informationen						… zu wenige Informationen
Herkunft des Wissens ist nachvollziehbar (Zitate, Äußerungen der Referentin, eigene Gedanken und Notizen)						… ist nicht nachvollziehbar
Inhaltliche Nachbereitung ist gut möglich						… nicht gut möglich
…						

c 🧑‍🤝‍🧑 Diskutieren Sie Ihre Bewertungen. Welche Kriterien sind aus Ihrer Sicht besonders wichtig?

d 🧑‍🤝‍🧑 Lesen Sie die folgenden Tipps zum Mitschreiben in Vorlesungen. Halten Sie diese Tipps für hilfreich? Warum (nicht)?

1 Schreiben Sie alles mit, was Sie verstehen und aufnehmen. Systematisieren können Sie die Notizen später noch.
2 Es ist gut, Mitschriften in Sätzen anzufertigen.
3 Lassen Sie links und rechts mehr Rand.
4 Eine bestimmte Symbolik und Abkürzungen für wiederkehrende Ausdrücke sind effektiv.
5 Man muss versuchen, schon beim Zuhören alles zu verstehen, sonst haben Notizen keinen Sinn.
6 Das, was auf den Präsentationsfolien der Dozent_innen steht, ist das Wichtigste. Es reicht das abzuschreiben.
7 Beim Mitschreiben sollte man möglichst viel paraphrasieren, das heißt, in eigenen Worten notieren.
8 Man sollte am besten in der Muttersprache mitschreiben, nicht in der Fremdsprache.

e In den nächsten Aufgaben beschäftigen Sie sich mit einem Ausschnitt aus einer Vorlesung über ‚Neue Medien'. In diesem Ausschnitt geht es um den sogenannten Behaviorismus und seinen Einfluss auf den Fremdsprachenunterricht. Erarbeiten Sie sich Vorwissen zu diesem Thema, z.B. durch eine Internetrecherche.

▶ 8 f 👥 **Sehen Sie den ersten Ausschnitt der Vorlesung. Ergänzen Sie zunächst für sich die Mitschrift und vergleichen Sie sie anschließend mit der Ihres Partners / Ihrer Partnerin.**

18. 4. 2016, Dr. Bergmann, Neue Medien	Notizen
Thema: Lernparadigmen (= große Theorien über das Lernen)	
Leitende Fragestellung: Welche Konsequenzen ... _____ _____	
1. Behaviorismus B. F. Skinner i _____ Klassische Konditionierung / der Pawlowsche Hund Wie? → Ausgangspunkt: Fleischgeruch, Hund _____ (Reiz-Reaktions-Verbindung) → neuer, zusätzlicher _____ : _____ → Hund produziert Speichel auch ohne _____ Konditionierung = _____	Wer war Pawlow? Definition!
Aber: _____ Transfer auf das Fremdsprachen- lernen, denn: _____ _____ _____	

▶ 9 g **Bereiten Sie ein Blatt für eine Mitschrift vor. Sehen Sie dann, wie die Vorlesung weitergeht, und achten Sie dabei auch auf die Folien. Schreiben Sie mit.**

h 👥 **Tauschen Sie Ihre Mitschrift mit einem bzw. einer anderen Studierenden. Beurteilen Sie gegenseitig Ihre Mitschriften anhand der Kriterien aus Aufgabe b.**

i 👥 **Erklären Sie sich gegenseitig das *Stimulus-Response-Modell* nach Skinner auf der Grundlage Ihrer Notizen.**

TABUFRAGE

In welcher idealen Welt habe ich denn die Zeit, alle Lehrveranstaltungen vor- und nachzubereiten und dann noch dazu jedes Mal die perfekte Mitschrift anzufertigen? Das sind doch Wunschvorstellungen, die mit der Realtität nichts zu tun haben, oder?

TEST

Ordnen Sie die folgenden Beispiele danach ein, ob sie schriftlich wissenschaftssprachlich, mündlich wissenschaftssprachlich oder alltags- bzw. umgangssprachlich sind (Mehrfachzuordnungen möglich).

1 Es schließt sich eine Sequenz an, in der diese Struktur näher beschrieben wird, bevor, erneut markiert durch eine längere Pause und ein betontes Verb, die zusammenfassende Interpretation des Datenbeispiels beginnt.

2 Erstmal werd ich allgemein was zu den Parteien erzählen, dann geh ich auf zwei, drei Beispiele ein, wie diese es geschafft haben, mittels eines spezifischen Sprachgebrauchs überzeugend zu wirken.

3 In der geschriebenen Standardsprache wird das Verb „tun" nur selten verwendet. Wenn, dann tritt es meist nach dem Vollverb im Vorfeld mit dem Ziel der Betonung auf, zum Beispiel: Sauber machen tut Paul wie immer nicht.

4 Da versteh ich leider nur Bahnhof. Kannst du nochmal sagen, was du mit allergischer Reaktion meinst?

5 Dass das mit dem Modalverb „möchten" ausgedrückt werden kann, wag ich zu bezweifeln. Aber das würde jetzt hier ausufern.

6 Ich hab mich ja vor allem auf zwei Schwerpunkte beschränkt: die Ursache und die Auswirkungen der Genitiv-Vermeidung im Deutschen.

7 Ich fürchte, das ist hier bei meiner Studie sekundär. Zu diesem Teilaspekt kann ich nicht viel beitragen.

8 Die Funktionen, die in den beiden Texten und in den identifizierten Kategorien herausgearbeitet werden konnten, belegen schließlich, dass es unterschiedliche Einflussfaktoren auf eine erfolgreiche Integration Zugewanderter gibt, die es jeweils zu berücksichtigen gilt.

9 Hoffen wir mal, dass ich eine gute Performance beim Vortrag hinlegen kann, was?

schriftlich wissenschaftssprachlich	mündlich wissenschaftssprachlich	alltags- oder umgangssprachlich
1,		

B

An Lehr-Lern-Kontexten aktiv teilnehmen // Fachgespräche gestalten und lenken // Fachliteratur referieren, vergleichen und kritisch diskutieren // mit anderen Studierenden in Gruppen zusammenarbeiten

// SEMINARGESPRÄCH, FACHDISKUSSION & GRUPPENARBEIT //

Mündliche Beteiligung an Lehr- und Lerndiskursen

- Sehen Sie sich die Bilder an. Welche dieser Situationen kennen Sie? In welcher Rolle sind Sie selbst schon gewesen? Berichten Sie von Ihren Erfahrungen.

// BEDEUTUNG VON MÜNDLICHER INTERAKTION UND DISKUSSION //

Im Studium lernen Sie viel, indem Sie Texte lesen, Vorlesungen besuchen und sich Vorträge anhören. Mindestens genauso wichtig ist es an deutschen Hochschulen aber, mit Lehrenden und anderen Studierenden über wissenschaftliche Inhalte zu sprechen. In Lehrveranstaltungen und Projektgruppen werden unterschiedliche Standpunkte geäußert, kritische Fragen gestellt und teilweise kontroverse Diskussionen geführt. Haben Sie keine Angst, sich daran zu beteiligen und Ihre eigene Sichtweise aktiv zu äußern. Das wird im Studium von Ihnen erwartet (➲ Band 1, Kap. A, Lernkulturen).

Mündliche Interaktion in Lehrveranstaltungen

1 Rollen und Aktivitäten im Gespräch

a 🧑‍🤝‍🧑 **Überlegen Sie, wie Studierende und Lehrende in Lehrveranstaltungen typischerweise handeln. Notieren Sie sprachliche Aktivitäten in der Tabelle.**

Lehrende	Beide	Studierende
– die Studierenden begrüßen	– ...	– um eine Erklärung bitten

b Die folgenden Äußerungen stammen aus einem Seminargespräch, in dem die Dozentin mit internationalen Studierenden über das Thema ‚Referate halten' diskutiert. Spricht hier die Dozentin oder sprechen die Studierenden? Welches Ziel haben die Aussagen? Benennen Sie die Aktivitäten und ergänzen Sie sie in der Tabelle links.

1 Mit der Einleitung in Referate werden wir uns dann im zweiten Teil der Sitzung beschäftigen.

2 Ich habe eine Frage: Wenn die Zuhörer während eines Referats Fragen haben, müssen sie dann bis zum Ende warten oder darf direkt gefragt werden?

3 Also Sie sehen, hier sind ganz typisch mündliche Formulierungen dabei.

4 Was meinen Sie?

5 Kommt das nicht eigentlich drauf an auf das Referat? Ich weiß nicht, ob man da immer Zweifel ausdrücken sollte oder einen eigenen Standpunkt beziehen.

6 Meiner Meinung nach ist eine PowerPoint-Präsentation für beide da. Für den Sprecher, dass er den roten Faden hat, und für die Zuhörer zum Folgen.

c Ordnen Sie die folgenden Gesprächsaktivitäten in die Tabelle aus Aufgabe a ein. Was machen Lehrende und was Studierende? Was können beide tun?

die Diskussion moderieren • fachlichen Input geben • Fragen stellen • Beiträge sammeln • die Diskussion thematisch fokussieren • Gesagtes rekapitulieren • etwas bezweifeln • die Diskussion zusammenfassen • Zusammenhänge erklären • jemanden unterbrechen • Diskussionsbeiträge bewerten • jemandem widersprechen • eine andere Ansicht äußern • sich auf Forschungsliteratur beziehen • jemandem zustimmen • Forschungsliteratur kritisieren

d Besprechen Sie Ihre Ergebnisse aus Aufgabe c in der Gruppe: Bei welchen Aktivitäten sind Sie sich bei der Zuordnung unsicher? Berichten Sie auch über Ihre Erfahrungen mit Lehrveranstaltungen an Hochschulen in anderen Ländern oder in unterschiedlichen Fächern.

e Hören Sie nun vier kurze Auszüge aus dem Seminargespräch. Notieren Sie in Stichpunkten, was die Dozentin und die Studierenden sagen.

▶ 10a

Dozentin: Was ist denn eigentlich Funktion und Nutzen des Referats?	Sequenz 1
	Alicia: Also die Übung …
	Elif:
	Isabel:

▶ 10b

Sequenz 2	Isabel: Ich habe noch eine Frage …
Dozentin:	
	Isabel:

▶ 10c

Dozentin:	Sequenz 3
	Elif:
	Elif:

Sequenz 4	Abdul: *Aber ich habe eine Frage …*
	Olivia:
	Abdul:
Dozentin:	
	Gabriel:
	Abdul:
	Gabriel:
	Gabriel:

f 👥 **Unterhalten Sie sich über die gehörten Ausschnitte. Beschreiben Sie, wer hier wie handelt. Entspricht das Ihren Erwartungen aus Aufgabe 1a?**

> // **FRAGEN IN UNIVERSITÄREN LEHRVERANSTALTUNGEN** // Wenn Lehrende in Lehrveranstaltungen Fragen stellen, richten sie diese in den meisten Fällen unspezifisch ans Plenum, das heißt, an alle Anwesenden. Wenn Sie etwas sagen und zur Diskussion beitragen wollen, müssen Sie in solchen Momenten selbst aktiv werden. Es wird nur selten so sein, dass Sie von den Lehrenden oder anderen Studierenden persönlich angesprochen und um Ihre Meinung zum Thema gebeten werden. Als Studierende dürfen Sie auch eigene Fragen stellen und auch direkt auf die Äußerungen Ihrer Kommilitoninnen und Kommilitonen reagieren.

> // **INTERAKTIVITÄT VON GESPRÄCHEN** // Gespräche funktionieren nach bestimmten Mechanismen. Dazu gehören Hörer-Rückmeldungen und die Verteilung des Rederechts. Mit *Hörer-Rückmeldungen* signalisiert man, dass man aufmerksam zuhört und wie man das Gehörte bewertet, zum Beispiel durch Signale wie ,hm hm' *(Zustimmung)*, ,aha' *(Überraschung)*, ,naja' *(Zweifel)*, Kopfnicken oder Gesten. Das *Rederecht* braucht man, wenn man seinen eigenen Standpunkt äußern will. Im Seminar bestimmen darüber oft die Lehrenden, aber in Diskussionsrunden oder Gruppenarbeiten muss man sich das Rederecht „erkämpfen", ohne dabei unhöflich zu sein. Man knüpft an das Gesagte an, indem man Zustimmung, Widerspruch, Zweifel usw. signalisiert, und äußert dann den eigenen Standpunkt. Solche Gesprächsmechanismen können sich je nach Kulturkreis und akademischer Tradition stark unterscheiden.

a **Lesen Sie den kurzen Dialog. Was tun die Sprecher jeweils? Verbinden Sie.**

(Anknüpfen mit negativer Bewertung / Zweifel)   (Rederecht abgeben)   (Anknüpfen mit positiver Hörer-Rückmeldung / Bewertung)

„Ich denke, an deutschen Universitäten ist die Atmosphäre im Seminar eher informell. Da ist es nicht so wichtig, was ich anhabe, wenn ich einen Vortrag halte, oder?"

„Hm, stimmt."

„Naja, ich weiß nicht, ist das nicht auch abhängig vom Studienfach?"

„Also ich hab mal zwei Semester Jura studiert, da haben sich immer alle ziemlich gut angezogen und niemand hat ..."

„Ja, genau, in manchen Fächern wird das erwartet, aber es kommt schon auch auf das Land an. Ähm, ähm, in meinem Heimatland kannst Du nicht im T-Shirt aufkreuzen, wenn Du was präsentieren musst."

(Rederecht behalten / sichern)   (Rederecht übernehmen durch Unterbrechen)   (Rederecht verlieren)

b In der Tabelle sind verschiedene Möglichkeiten aufgelistet, mit denen man in einer Diskussion an die Redebeiträge von anderen anknüpfen und das Rederecht übernehmen kann. Das kann mit einer positiven Bewertung des Gesagten, mit einer negativen Bewertung des Gesagten oder ohne explizite Bewertung geschehen. Lesen Sie die Beispiele in der Tabelle und ordnen Sie die Redemittel aus dem Schüttelkasten zu.

Da würde ich gern einhaken. • Das scheint mir nicht so klar zu sein, denn … • Das ist alles völlig richtig, aber … • Genau, das kann ich noch mit einem Beispiel untermauern. • Da hätte ich meine Zweifel • Ich würde sogar noch weiter gehen und behaupten, dass … • Ich würde das unterstreichen, dass … • Wenn ich dazu etwas sagen darf: … • Das mag zwar so sein, aber … • Da würde ich Dir/Ihnen zustimmen. • Ja, schon, aber …

Anknüpfen mit positiver Bewertung	Anknüpfen ohne explizite Bewertung	Anknüpfen mit negativer Bewertung
Ich sehe das auch so, dass … Ganz genau, das müsste man …	Ergänzen lässt sich hier, dass … Ein weiterer Aspekt ist …	Ist das denn wirklich so? Naja, ich weiß nicht …

c 👥 Lesen Sie die folgenden Aussagen und beziehen Sie dazu Stellung. Kommentieren Sie die Positionen der anderen, indem Sie dabei unterschiedliche Anknüpfungsmöglichkeiten aus der Tabelle ausprobieren.

1 In einem Referat geht es vor allem um die Inhalte. Die Kleidung des Referenten ist doch sekundär.
2 Wenn man im Seminar ein Referat hält, wird man immer stark kritisiert, aber kaum einmal gelobt.
3 Internationale Studierende erhalten bei Problemen im Studium viel Unterstützung.
4 Fast alle internationalen Studierenden wollen nach dem Studium erstmal in Deutschland arbeiten.
5 Es hat viele Vorteile, einen Teil seines Studiums im Ausland zu absolvieren.
6 An deutschen Hochschulen wird bald nur noch auf Englisch gelehrt und geforscht werden.

d Sehen Sie sich die folgenden Äußerungen an. Einige kennen Sie bereits aus den vorangegangenen Übungen. Mit welchen sprachlichen Mitteln gelingt es, sich in indirekt-abgeschwächter Form zu äußern? Unterstreichen Sie diese und ergänzen Sie die Tabelle darunter.

1 Kommt das nicht eigentlich drauf an auf das Referat?
2 An deutschen Universitäten ist die Atmosphäre im Seminar eher informell.
3 Ist das nicht auch abhängig vom Studienfach?
4 In manchen Fächern wird das erwartet, aber es kommt schon auch auf das Land an.
5 Das scheint mir nicht so klar zu sein, denn …
6 Ein Zusammenhang lässt sich hier leider nicht erkennen.
7 Ist Deutsch denn wirklich nicht mehr wichtig als Wissenschaftssprache?
8 Die Dominanz des Englischen in den Naturwissenschaften führt dazu, dass Deutsch dort kaum noch eine Rolle spielt.
9 Die Ernährung kann sich dann möglicherweise stärker auf das Krankheitsbild auswirken.

Kommt das nicht …?	eigentlich, …		…
=	= Modalpartikeln	= Verben mit modaler Bedeutung	= Modalwörter

e 👥 **Erklären Sie sich gegenseitig den Unterschied zwischen den folgenden Satzpaaren. Wie wirkt sich die Modifikation des Satzes auf seine Bedeutung aus?**

1 Euer Referat hat mir gut gefallen. / Euer Referat hat mir eigentlich gut gefallen.
2 Ist das Kommunikationsmodell von Schwabe (2012) das verbreitetste Modell? / Ist das Kommunikationsmodell von Schwabe (2012) nicht das verbreitetste Modell?
3 Ihr methodisches Vorgehen weist einige Mängel auf. / Ihr methodisches Vorgehen scheint einige Mängel aufzuweisen.
4 Ihr Vortrag war sehr interessant, hat aber den Einfluss der Ernährung auf das Krankheitsbild kaum beleuchtet. / …, hat aber den Einfluss der Ernährung auf das Krankheitsbild nicht beleuchtet.
5 Ist die Studie von Wendt (2014) die einzige Arbeit zu dem Thema? / Ist die Studie von Wendt (2014) denn die einzige Arbeit zu dem Thema?

> // **MODALPARTIKELN** // (auch: Abtönungspartikeln) sind Wörter wie *denn, doch, eigentlich, etwa, ja, nicht, ruhig, schon, vielleicht* und *wohl*. Sie bewirken, dass eine ganze Äußerung auf eine bestimmte Weise verstanden wird. Sprecher_innen können sie dazu verwenden, Einstellungen, Bewertungen und Erwartungen auszudrücken, vgl.: *Morgen fällt die Vorlesung ja aus* (= bekannte Information); *Morgen fällt die Vorlesung wohl aus* (= unsichere Information). In wissenschaftlichen Diskussionen helfen Partikeln dabei, den eigenen Standpunkt mit einer gewissen Vorsicht zu äußern sowie andere Standpunkte auf höfliche Weise zu kritisieren, vgl.: *Müllers Verständnis des Kulturbegriffs ist eigentlich veraltet.* (= indirekte Kritik); *Ist Müllers Verständnis des Kulturbegriffs nicht bereits veraltet?* (= Erwartung: ja); *Ist Müllers Verständnis des Kulturbegriffs denn noch zeitgemäß?* (= Zweifel).

f Formulieren Sie eine abgeschwächte Kritik zu zwei der Aussagen aus Aufgabe c.

1 In einem Referat geht es vor allem um die Inhalte. Die Kleidung des Referenten ist doch sekundär.

Ist es denn nicht wichtig für den Gesamteindruck, dass man sich angemessen kleidet?

2

3

▶ 11a, b **g** Hören Sie zwei Ausschnitte aus dem Seminargespräch zum Thema ‚Referate halten‘. Was sind die Kernaussagen der Dozentin? Paraphrasieren Sie das Gehörte in der linken Spalte.

Kernaussagen der Dozentin	Anknüpfungsmöglichkeit
Ausschnitt 1: Referate sind ...	
Ausschnitt 2: Zu einem deutschen Referat gehören ... Internationale Studierende ...	

h Stimmen Sie den Aussagen der Dozentin zu oder nicht? Überlegen Sie sich Argumente für Ihre Sichtweise und notieren Sie eine passende Anknüpfungsmöglichkeit in der rechten Spalte der Tabelle.

i 🗨 Besprechen Sie eine der beiden Kernaussagen auf der Basis Ihrer Notizen. Tauschen Sie sich mithilfe der gelernten Redemittel über Ihre Standpunkte aus. Sie können eine Person bestimmen, die das Gespräch leitet.

Wissenschaftliche Texte referieren und diskutieren

1 **Fachwissen aus Texten**

> // **WISSENSCHAFTLICHE LITERATUR LESEN UND REFERIEREN** //
>
> In den Geistes- und Sozialwissenschaften wird sehr intensiv mit wissenschaftlichen Texten gearbeitet. Es wird von Ihnen erwartet, dass Sie in Vorbereitung auf ein Seminar wissenschaftliche Literatur lesen, um dann darüber diskutieren zu können. Dabei ist es einerseits wichtig, mit einem großen Lesepensum umgehen zu können und sich auf die wesentlichen Inhalte zu konzentrieren (◉ Band 1, Kap. D, Lesestrategien). Andererseits ist es eine große Herausforderung, über die gelesenen Fachinhalte zu sprechen, sie zusammenzufassen, zu referieren und kritisch zu beurteilen.

a Würden Sie gern dauerhaft in einem anderen Land, zum Beispiel Deutschland, leben und arbeiten? Was würde sich für Sie in Bezug auf Sprache, Gewohnheiten, Beziehungen zu Freunden und Familie und Ihre berufliche Karriere ändern? Wie würden Sie sich persönlich verändern? Tauschen Sie sich mit anderen über diese Fragen aus.

b Stellen Sie sich vor, Sie besuchen ein Soziologie-Seminar, in dem es um diese Fragen geht. Machen Sie sich zur Vorbereitung der Seminardiskussion zunächst mit dem Fachwortschatz vertraut. Ordnen Sie den Fachbegriffen die passenden Definitionen zu.

A Mensch, der seinen Wohnsitz/sein Land dauerhaft aufgibt, um woanders/in einem anderen Land zu leben.

B Inklusion eines Menschen in eine andere Gesellschaft bzw. eine andere soziale Umgebung.

D Angleichung zwischen gesellschaftlichen Gruppen, die oft als Anpassung eines Individuums oder einer Gruppe an die Mehrheitsgesellschaft verstanden wird, zum Beispiel durch Annahme von Sprache und Gewohnheiten.

Sozial-Integration

Assimilation

C Oberbegriff für unterschiedliche Prozesse, die bei längerem Kontakt zwischen Menschen aus unterschiedlichen Kulturen ablaufen können.

Kulturelles Orientierungswissen

Migrant_in   Akkulturation

Immigration

F Wissen über Traditionen, Regeln, Verhaltensweisen, Werte, Sprache usw., das einem das Leben und die Teilhabe in einem bestimmten kulturellen Raum ermöglicht.

E Ein- oder Zuwanderung von Menschen in ein Gebiet/Land, um sich dort dauerhaft niederzulassen.

c Für das Seminar sollen Sie zwei Fachtexte lesen, in denen unterschiedliche Positionen zur gesellschaftlichen Integration von Migrant_innen vertreten werden. Lesen Sie zunächst die bibliografische Angabe zum Text und stellen Sie Fragen zum Inhalt. Formulieren Sie dann Hypothesen zu diesen Fragen.

Esser, Hartmut (2009): Pluralisierung oder Assimilation? Effekte der multiplen Inklusion auf die Integration von Migranten. In: Zeitschrift für Soziologie 38, 5/2009: 358-378.

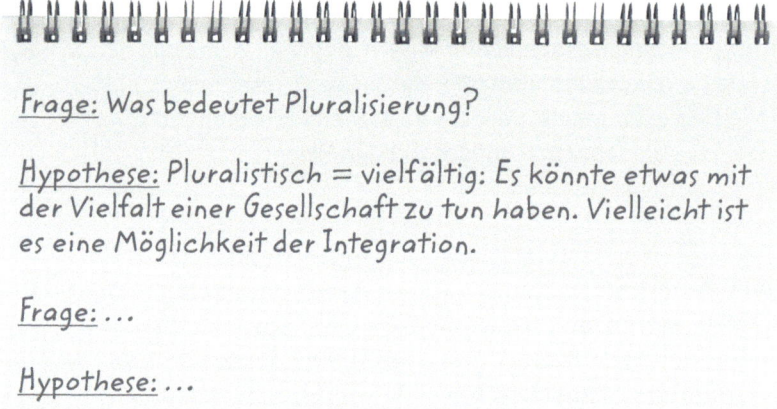

Frage: Was bedeutet Pluralisierung?

Hypothese: Pluralistisch = vielfältig: Es könnte etwas mit der Vielfalt einer Gesellschaft zu tun haben. Vielleicht ist es eine Möglichkeit der Integration.

Frage: ...

Hypothese: ...

d Lesen Sie den Auszug aus dem Artikel des Soziologen Hartmut Esser. Gibt der Text Antworten auf Ihre Fragen aus Aufgabe c? Haben sich Ihre Hypothesen bestätigt?

Pluralisierung oder Assimilation?
Effekte der multiplen Inklusion auf die Integration von Migranten
HARTMUT ESSER

Bei der Sozial-Integration gibt es (vereinfachend) vier Dimensionen: die *Kulturation* als Erwerb von Wissen, Kompetenzen, Vorlieben und Gewohnheiten, die *Interaktion* als Aufnahme und Aufrechterhaltung sozialer Beziehungen, die *Identifikation* als emotionale Hinwendung zu einer Gruppe und die *Platzierung* als Übernahme von Rechten und Besetzung von Positionen, insbesondere auf dem Arbeitsmarkt, die auch als „strukturelle Integration" bezeichnet werden kann.

Die jüngeren, auch öffentlichen, Debatten um die Integration von Migranten sind vor diesem Hintergrund im Wesentlichen von zwei Positionen bestimmt (vgl. dazu etwa Phalet 2006, Faist 2008): einerseits durch das *assimilationistische* Modell, wonach eine erfolgreiche Integration vor allem von der Übernahme und dem Erwerb *aufnahmeland*spezifischer Kompetenzen, Beziehungen und Orientierungen abhänge. Und andererseits das *pluralistische* Modell, wonach die über die bloße „Assimilation" hinausgehende Beibehaltung und Pflege *ethnischer* Kompetenzen, Beziehungen und Orientierungen nicht nur ein höheres subjektives Wohlbefinden, sondern auch deutliche objektive Vorteile gerade auch für die *strukturelle* Integration der Migranten und deren Kinder in das *Aufnahme*land mit sich bringe.

Der folgende Beitrag geht dieser Kontroverse im Hinblick auf einen speziellen Aspekt nach. Er untersucht die Effekte der „multiplen Inklusion", der *Mehrfach*integration in verschiedene soziale Kontexte also. Die multiple Inklusion ist ein Spezialfall der Sozial-Integration von Migranten. Sie stellt eine *gleichzeitige* Einbindung in *mehrere* soziale Kontexte dar, bezogen auf Migranten und ethnische Minderheiten also in der Regel eine gleichzeitige Zugehörigkeit sowohl zur Aufnahmegesellschaft sowie zu einem ethnischen Kontext. Sie bezeichnet die Teilhabe an beiden sozialen Systemen durch Bilingualität, ethnisch gemischte Netzwerke, Identifikation sowohl mit dem Aufnahme- wie mit dem Herkunftsland, doppelte Staatsbürgerschaft etc.

[…]

Es wird erkennbar, dass die *multiple Inklusion* in *keiner* der Dimensionen [Kulturation, Interaktion, Identifikation, Platzierung] Auswirkungen auf die Sozial-Integration in das Aufnahmeland hat: Es gibt durchgängig entweder keinerlei Beziehungen oder an manchen Stellen sogar negative. So gut wie alles kommt also auf die „Assimilation" an, besonders bei der (Zweit-)Sprache. Das empirische Ergebnis ist damit insgesamt eindeutig: Es spricht deutlich mehr für die (neo-)assimilationistische Position, die weitgehend mit dem theoretischen Modell übereinstimmt, als für die Hypothesen der pluralistischen Sichtweise. Die wohl gewichtigste Gegenstimme zu dem hier gefundenen Ergebnis wäre die aufwendige (international vergleichende) Studie von Berry et al. (2006), die zu dem Ergebnis kommt, dass die multiple Inklusion in der Tat in allen Ländern die von allen Gruppen, von Immigranten wie Einheimischen, durchgängig *bevorzugte* Perspektive ist und dass sie durchaus einige positive Effekte hat, wie eine bessere „psychological" und „sociocultural adaptation". Es handelt sich dort aber allein um subjektive *Präferenzen* und *psychische* Befindlichkeiten, und es ist noch nicht einmal sicher, wie so oft in diesem Feld, ob es denn (durchgängig) stimmt, dass man sich in der ethnischen Gruppe und speziell mit der multiplen Inklusion wenigstens besser *fühlt* als bei der („eindimensionalen") Assimilation.

(aus: Esser 2009; gekürzt und leicht modifiziert)

Lesen Sie den Text noch einmal und suchen Sie dabei die Antworten auf die folgenden Fragen.

1 In welchen vier Dimensionen läuft soziale Integration ab? Erklären Sie anhand von Beispielen.
2 Die *multiple Inklusion* ist laut Esser ein „Spezialfall der Sozial-Integration von Migranten". Was ist das Besondere daran? Erklären Sie den Begriff.
3 Wie beantwortet Esser seine im Titel gestellte Frage? Welche Position vertritt er in Bezug auf die Integration von Migrantinnen und Migranten?

f 👥 Stellen Sie sich vor, die Fragen zum Text in Aufgabe e werden von Ihrer Dozentin im Seminargespräch gestellt. Versuchen Sie so zu antworten, wie Sie das mündlich im Seminar tun würden. Sie können bei Bedarf die Satzanfänge unten verwenden. Wenn Sie allein arbeiten, können Sie Ihre Äußerungen mit einem Smartphone oder online (z. B. auf www.vocaroo.com) aufnehmen und anschließend anhören.

Frage 1	Laut Esser gibt es …; Esser nennt vier …, und zwar …; Die Dimension der Interaktion bezieht sich auf …; Der Begriff „Platzierung" bedeutet hier …
Frage 2	Unter multipler Inklusion versteht Esser …; Das Besondere an der … ist, dass …; Esser sieht die … als speziell an, weil …
Frage 3	In Bezug auf die Frage im Titel sieht Esser …; Der Verfasser vertritt hier die Auffassung, dass …; Esser argumentiert für / gegen …; Esser erkennt keine Belege für…; Esser lehnt … ab.

▶ 12 **g** Ein wichtiger Aspekt der sozialen Integration von Migranten ist die Teilhabe an Bildung, das heißt, der Besuch von Schulen und Universitäten. In der Praxis ist diese sogenannte „strukturelle Integration" aber schwer zu erreichen.

Hören Sie einen Radiobeitrag des Deutschlandfunks aus der Sendereihe „Campus & Karriere" zu diesem Thema. Was tut eine Gruppe von Technischen Universitäten (TU9), um Flüchtlingen den Zugang zum Studium zu erleichtern? Notieren Sie, welche Integrationsmaßnahmen die Hochschulen bereits durchführen bzw. geplant haben und welche Schwierigkeiten es noch gibt.

Integrationsmaßnahmen	Schwierigkeiten
• Unterstützung durch studentische Tutoren aus gleichen Herkunftsländern • …	• zu wenige Deutschkurse • …

h 👥 Wie beurteilen Sie die Ideen der TU9? Diskutieren Sie.

a Anna Amelina, die Autorin des zweiten Textes, den Sie für Ihr Seminar lesen sollen, vertritt eine andere Auffassung zum Begriff der multiplen Inklusion als Hartmut Esser. Lesen Sie zunächst wieder nur die bibliografische Angabe und versuchen Sie Fragen zum Text zu formulieren, bevor Sie ihn lesen.

Amelina, Anna (2008): Transnationalisierung zwischen Akkulturation und Assimilation: Ein Modell multipler Inklusion. In: COMCAD Arbeitspapiere – Working Papers 41, Bielefeld, 31 S.

b Lesen Sie den Text abschnittsweise und fassen Sie unter jedem Abschnitt zusammen, was die Autorin macht (❍ Band 1, Kap. D, Exzerpieren).

Transnationalisierung zwischen Akkulturation und Assimilation: Ein Modell multipler Inklusion

ANNA AMELINA

Traditionell werden Begriffe wie ‚Kultur', ‚Integration' und ‚Assimilation' in migrationstheoretischen Debatten kontrovers diskutiert. Ältere Migrationstheorien (Gordon 1964, Esser 1980) bewerten kulturelle Anpassung als eine unabdingbare Voraussetzung für die soziostrukturelle Inkorporierung von MigrantInnen in die Einwanderungsgesellschaften. Die Akkulturationsprozesse, so die Annahme, gehen dabei mit dem Verlust des ‚herkömmlichen' Orientierungswissens einher. Neuere Migrationsansätze, die s.g. Theorien der Transmigration, hinterfragen dagegen den einseitigen und eindimensionalen Verlauf der Assimilationsprozesse. Sie kritisieren die verbreitete Annahme, dass Migration als Wechsel der nationalstaatlichen ‚Container' zu verstehen ist.

Amelina vergleicht ...

Die Abhängigkeit der Integrations- bzw. Immigrationsprozesse von der kulturellen Anpassung der Einwanderer wurde am deutlichsten in den Migrationstheorien der 60er und 70er Jahre (Eisenstadt 1954, Gordon 1964, Esser 1980) formuliert. Stellvertretend für diesen Theoriemodus möchte ich hier vor allem die Theorien von Milton M. Gordon und Hartmut Esser behandeln. Beiden Migrationsansätzen liegt die gemeinsame Vorstellung zugrunde, dass mit dem Migrationsakt nicht einfach territorialstaatliche Grenzen überschritten werden, sondern zwei geschlossene Sozialräume getauscht werden. An diese Vorstellung ist die Annahme gekoppelt, dass Immigrationsakte mit der Verinnerlichung neuer kultureller Orientierungsmuster einhergehen müssen. Beide Ansätze postulieren, dass das ‚herkömmliche' kulturelle Wissen, das Immigranten ‚mitbringen', eher als hinderlich für die Akkulturation und folglich für die strukturelle Assimilation einzustufen ist. Schließlich binden beide Ansätze ‚Kultur' an Kollektive und setzen kulturelle Grenzen mit den Grenzen der Nationalstaaten gleich.

Mit Vertretern der Transnationalisierungsforschung teile ich die Kritik an klassischen Assimilationstheorien, die zum einen auf nationalstaatliche ‚Container' fixiert bleiben und zum anderen normative Visionen von Anpassungsprozessen propagieren. Im Gegensatz zu Esser argumentiere ich, dass der Wechsel der nationalstaatlichen ‚Container' unter der Bedingung kontinuierlicher und intensiver transnationaler Kontakte nicht notwendigerweise vom Verlust ‚herkömmlicher' kultureller Sinnmuster und Sinnschemata begleitet werden muss. Die von Esser beschriebene Ambivalenzsituation, die Einwanderer unmittelbar nach den Wanderungsakten erleben, setzt eine Auseinandersetzung mit mehreren kulturellen Skripten [= Prägungen] voraus und resultiert, so meine Hypothese, in einer Überlagerung kultureller Sinnschemata bezüglich identischer Situationen und Objekte. Ohne diese kulturellen Überlagerungen können keine simultanen Inkorporationsvorgänge in nationalstaatlichen und transnationalen Kontexten ablaufen.

Die Vf. kritisiert ...

Darüber hinaus halte ich es für sinnvoll, den Assimilationsbegriff durch den Inklusionsbegriff zu ersetzen. Ein transnational orientiertes Inklusionskonzept erlaubt es auf die Unterscheidung zwischen ‚Mehrheitsgesellschaft' und ‚Minderheiten' zu verzichten. Es kann nicht nur simultane Inkorporationsprozesse in Institutionen und Organisationen, sondern auch in informelle Zirkel und Freundschaftskliquen beschreiben. Die Aufgabe des Assimilationsbegriffs führt außerdem dazu, dass die Unterscheidung zwischen Assimilation und Transnationalisierung durch den Begriff der transnationalen multiplen Inklusion ersetzt werden kann.

(aus: Amelina 2008; gekürzt und leicht modifiziert)

c 👥 **Tauschen Sie sich zu zweit über die folgenden Fragen zum Text aus.**

1 Was ist laut der Verfasserin die Grundannahme älterer Migrationstheorien? Was kritisiert sie daran?
2 Worin unterscheidet sich ihre Sichtweise auf Migrationsprozesse von der von Esser?
3 Welche Vorteile hat laut Amelina der Begriff der (multiplen) Inklusion gegenüber dem der Assimilation?

d ⚇ **Füllen Sie zu zweit die folgende Tabelle aus. Wählen Sie einen Text aus und ergänzen Sie, was Esser bzw. Amelina zu den in der ersten Spalte genannten Punkten sagen. Ihr_e Partner_in macht das Gleiche für den anderen Text. Vergleichen Sie Ihre Notizen.**

	Esser (2009)	Amelina (2008)
Assimilation		
kulturelles Orientierungswissen		
Kulturbegriff		
multiple Inklusion		

e **Amelina (2008) beschreibt häufig ihr eigenes Forschungshandeln oder das von anderen Wissenschaftler_innen, beispielsweise im ersten Satz: „... werden ... kontrovers diskutiert". Markieren Sie im Text weitere solche Verben. Sortieren Sie sie danach, ob sie mit einer Wertung / Kritik verbunden sind oder nicht.**

Verben ohne Wertung	Verben mit Wertung
diskutieren,	hinterfragen,

f Ordnen Sie auch die folgenden frequenten Verben aus dem Schüttelkasten in die Tabelle in Aufgabe e ein.

plädieren für (A) • sich auseinandersetzen mit (D) • behaupten (A) • in Frage stellen (A) • einer Frage nachgehen • versäumen (A) • ausgehen von (D) • sich beschäftigen mit (D) • darstellen (A) • vernachlässigen (A)

g Bewertet werden die Arbeiten anderer nicht nur mithilfe von Verben, sondern häufig auch mit Adjektiven und Nomen. Ordnen Sie die folgenden Redemittel danach ein, ob sie etwas positiv oder negativ bewerten. Können Sie noch weitere Beispiele hinzufügen?

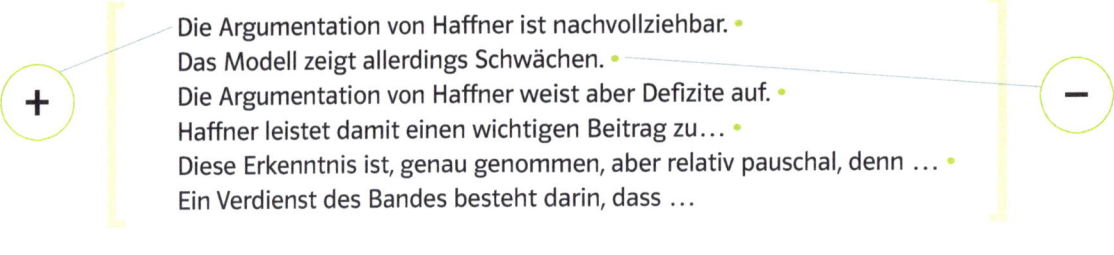

+

Die Argumentation von Haffner ist nachvollziehbar. •
Das Modell zeigt allerdings Schwächen. •
Die Argumentation von Haffner weist aber Defizite auf. •
Haffner leistet damit einen wichtigen Beitrag zu… •
Diese Erkenntnis ist, genau genommen, aber relativ pauschal, denn … •
Ein Verdienst des Bandes besteht darin, dass …

−

h Beim Referieren und Zitieren von wissenschaftlichen Quellen kann zudem eine Gewichtung stattfinden. Das Verb drückt dann aus, wie wichtig der Autorin bzw. dem Autor das Gesagte ist (z. B. *X betont, dass …*). Welche der folgenden Verben beinhalten eine solche Gewichtung?

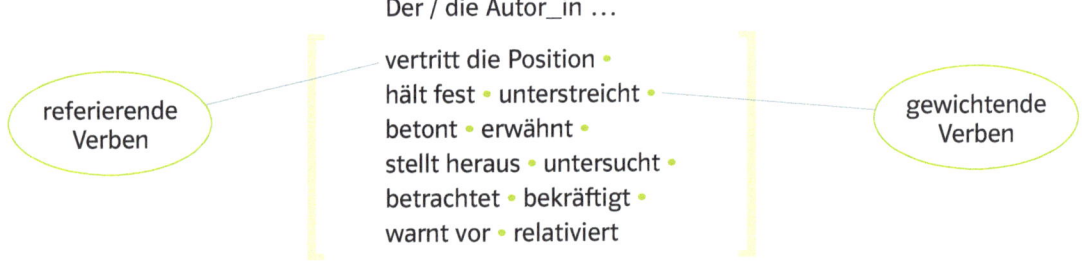

Der / die Autor_in …

referierende Verben

vertritt die Position •
hält fest • unterstreicht •
betont • erwähnt •
stellt heraus • untersucht •
betrachtet • bekräftigt •
warnt vor • relativiert

gewichtende Verben

i Schreiben Sie nun je Text zwei Sätze mit unterschiedlichen Verben oder Ausdrücken, die das Forschungshandeln von Esser (2009) und Amelina (2008) beschreiben. Nutzen Sie Ihre Notizen aus der Textarbeit und den vorangegangenen Übungen.

Esser stellt zu Beginn seines Artikels die vier Dimensionen der Sozial-Integration dar.

Amelina …

j 👥 **Um Texte vergleichen zu können, brauchen Sie auch sprachliche Mittel des Vergleichs und der Gegenüberstellung. Im Schüttelkasten finden Sie lexikalische und grammatische Mittel, die sich (auch) für den Textvergleich in mündlichen Diskussionen eignen. Formulieren Sie in Partnerarbeit passende Vergleiche zwischen Amelina und Esser. Nutzen Sie dabei die Tabelle in Aufgabe d.**

Im Gegensatz zu … • im Vergleich zu … • Anders als … • in Abgrenzung zu … • Während Schmitt von … spricht, geht Beck von … aus • Schmitt und Beck unterscheiden sich an diesem Punkt • Schmitt unterscheidet sich kaum von Beck in Bezug auf … • Hier besteht ein Unterschied zwischen … • Schmitt sagt …, aber Beck sagt … • Schmitt und Beck argumentieren ganz ähnlich im Hinblick auf … • Sowohl Schmitt als auch Beck gehen davon aus …

Beispiel: *Anders als Esser kritisiert Amelina den Begriff der Assimilation.*

> **// EINE EIGENE POSITION VERTRETEN? ICH STUDIERE DOCH NOCH! //** Sie finden es möglicherweise seltsam, dass von Ihnen bereits im Studium erwartet wird, einen eigenen Standpunkt zu vertreten und diesen vor anderen Studierenden und Lehrenden mündlich zu äußern. Im deutschen Hochschulkontext ist das aber normal und ein wichtiger Teil der wissenschaftlichen Sozialisation. Sie sollen schrittweise lernen, den Forschungsstand als Ausgangspunkt für eigene Überlegungen zu nutzen. Denn: Neues wissenschaftliches Denken entsteht gerade in den geistes- und sozialwissenschaftlichen Fächern dadurch, dass das vorhandene Wissen immer wieder hinterfragt, überprüft und kritisiert wird.

k **Sie haben sich in diesem Unterkapitel sehr intensiv mit dem Thema der Migration und sozialen Integration beschäftigt. Wie würden Sie für sich die folgenden Fragen beantworten? Nutzen Sie die Texte von Esser (2009) und Amelina (2008), um Ihren Standpunkt argumentativ zu stützen.**

1 Müssen Migrant_innen sich an das Aufnahmeland anpassen? Wenn ja, wie stark und in welcher Hinsicht?
2 Wer profitiert von Migrationsprozessen: Migrant_in, Herkunftsland, Aufnahmeland?
3 Welches Konzept überzeugt Sie mehr: Assimilation oder multiple Inklusion? Warum?

l 👥 **Diskutieren Sie nun im Kurs das Thema ‚Migration / Integration'. Orientieren Sie sich in der Diskussion an den Fragen aus Aufgabe k. Sie können auch noch eigene Diskussionsfragen ergänzen.**

Gruppenarbeit mit anderen Studierenden

1   Verantwortung für ein gemeinsames Projekt übernehmen

> // WAS WIRD VON MIR ERWARTET? //
>
> An deutschen Hochschulen ist es üblich, dass Studierende in Gruppen zusammenarbeiten. Zum einen gibt es kurze Gruppenarbeitsphasen in Seminaren, Tutorien und Übungen, zum anderen gibt es Gruppenarbeiten, für die man sich auch außerhalb der Lehrveranstaltung trifft. Diese stehen oft in Verbindung mit größeren Projekten, Referaten oder auch kooperativ verfassten Texten (Hausarbeiten, Berichte). Wichtig ist: Bei dieser Arbeitsform muss man selbstständig arbeiten und sollte nicht darauf warten, dass andere einem sagen, was zu tun ist. Man muss aktiv, kooperativ und zuverlässig mitarbeiten und sich für den Erfolg des Gesamtprojekts interessieren. Nur dann wird die Gruppenarbeit zum Erfolg!

a   Arbeiten Sie gern in Gruppen? Welche Erfahrungen haben Sie damit gemacht? Was sind Vor- und Nachteile dieser Arbeitsform?

b   🧑‍🤝‍🧑 Sammeln Sie Eigenschaften, die Ihrer Ansicht nach für die Arbeit in Gruppen notwendig sind. Notieren Sie immer das Adjektiv und das dazugehörige Nomen. Nutzen Sie zum Beispiel das Wortschatzportal der Universität Leipzig (◐ http://wortschatz.uni-leipzig.de), um Ihren Wortschatz zu erweitern.

Eigenschaft / Adjektiv	Nomen / Wortfamilie	Synonyme / Antonyme
	-e Zuverlässigkeit	pflichtbewusst, verlässlich / unzuverlässig

c Stellen Sie sich vor, Sie müssen in der Gruppe ein Referat vorbereiten. Erledigen Sie die folgenden Aufgaben allein oder in der Gruppe? Ordnen Sie zu.

> ~~Arbeitsaufteilung aushandeln~~ • Sprechstunde der Lehrenden besuchen •
> Forschungsliteratur lesen • Forschungsliteratur diskutieren •
> Arbeitsfortschritte dokumentieren • Referatsinhalte festlegen •
> mit Lehrenden via E-Mail korrespondieren • regelmäßige Arbeitstreffen organisieren •
> Evaluation / Feedback geben • Vortragsfolien vorbereiten •
> Material zum Referat auf die Lernplattform stellen

&#9823;	♟♟♟
	Arbeitsaufteilung aushandeln

d ♟♟ Vergleichen und begründen Sie Ihre Zuordnung aus Aufgabe c. Diskutieren Sie.

e ♟♟ Gruppenarbeiten können viele Probleme mit sich bringen. Lesen Sie die folgenden vier „Problem-Szenarien". Wie würden Sie sich in dieser Situation verhalten? Sie können auch andere Vorschläge machen. Diskutieren Sie dann in der Gruppe darüber.

1 Denis hat Ihnen versprochen, die PowerPoint-Folien zum gemeinsamen Vortrag zu erstellen. Am Tag vor der Präsentation um 18 Uhr hat er die Folien immer noch nicht geschickt.

   a Ich bleibe ruhig und gehe davon aus, dass er die Folien morgen mitbringt.
   b Ich versuche ihn zu kontaktieren und herauszufinden, wie weit er schon gekommen ist.
   c Ich erstelle die Folien selbst, weil ich nur so sicher sein kann, dass sie morgen da sind und wir uns nicht blamieren.

   d _____

2 In der Arbeitsgruppe gibt es Meinungsverschiedenheiten darüber, wie man bei der Erarbeitung eines gemeinsamen Seminarreferats vorgehen soll. Ich plädiere dafür, dass …

a jede_r für einen Teil verantwortlich ist. Jede_r liest für seinen / ihren Teil die Texte, erstellt die Folien und bereitet das Skript für die mündliche Präsentation vor. Wenn alle fertig sind, werden die Teile zusammengefügt.

b am Anfang jede_r für einen Teil verantwortlich ist. Dann gibt es ein Arbeitstreffen, wo alle ihre bisherige Arbeit vorstellen. Dann werden die Inhalte gemeinsam ausgewählt, die Folien und das Skript erstellt.

c die Gruppenmitglieder die Aufgaben nach ihren persönlichen Vorlieben übernehmen. Wer gerne spricht, ist für die mündliche Präsentation verantwortlich; wer gerne liest, bereitet die Referatsinhalte vor; wer gerne am Laptop arbeitet und grafisches Talent hat, erstellt die Präsentationsfolien.

d _____

3 Christoph ist in Ihrer Arbeitsgruppe sehr dominant. Er lässt die anderen Gruppenmitglieder kaum zu Wort kommen, will über die Präsentations-inhalte allein entscheiden und ist auch bei der Gestaltung der Folien nicht zu Kompromissen bereit.

a Ich spreche mit den anderen Gruppenmitgliedern darüber mit dem Ziel, ein gemeinsames Gespräch mit Christoph zu planen.

b Ich schreibe eine E-Mail an meine Dozentin und bitte sie um Vermittlung.

c Ich beende meine Mitarbeit in der Gruppe, weil ich mich gar nicht einbringen kann.

d _____

4 Sie sind Teil einer Arbeitsgruppe, in der sich alle sehr passiv verhalten und die Arbeit nicht so recht vorankommt. Wie gelingt es Ihrer Gruppe, dieses Problem zu lösen?

a Wir verabreden uns in der Freizeit und lernen uns so besser kennen. Wenn man gemeinsame Interessen entdeckt und Erfahrungen macht, wird man sich persönlich besser verstehen und auch die passenden Aufgaben für jedes Gruppenmitglied herausfinden.

b Eine Gruppenarbeit kann nur funktionieren, wenn ein Mitglied zum Koordinator bzw. zur Koordinatorin gewählt wird und die Gruppe anschließend anleitet, die Aufgaben verteilt, kontrolliert usw.

c Es ist notwendig, im Gruppengespräch die Aufgaben klar festzulegen und zu verteilen. Außer-dem müssen feste Termine für Teilaufgaben abgesprochen werden, damit die Arbeit in kleineren Schritten erledigt werden kann.

d _____

> // **ONLINE-WERKZEUGE NUTZEN** // Verschiedene Online-Werkzeuge können die Zusam-menarbeit in der Gruppe erleichtern. Dateien lassen sich an zentralen Speicherplätzen ablegen und austauschen (z. B. Cloud); an Texten und Folien kann online gemeinsam gearbeitet werden; Arbeits-treffen lassen sich auch dann durchführen, wenn man gerade nicht am selben Ort ist (z. B. via Video-chat). Gibt es für Ihre Lehrveranstaltung eine Lernplattform, können Sie auch diese nutzen, zum Bei-spiel für kooperatives Schreiben. Mehr Informationen dazu bietet das Rechenzentrum Ihrer Hoch-schule und der Podcast *student.stories* (Folge 98: Do it online, www.studentstories.de).

2 Gruppengespräche führen

a In Gesprächen werden sehr viele Fragen gestellt – mit ganz unterschiedlichen Zielen. Lesen Sie den folgenden kurzen Ausschnitt aus einem Gruppengespräch. Eine Arbeitsgruppe stimmt sich darin über die Gliederung und die Inhalte eines schriftlichen Projektberichts ab. Welche der Funktionen im Kasten erfüllen die unterstrichenen Fragen? Es können mehrere Antworten richtig sein.

> Fachwissen erweitern / Terminologie klären • einen Vorschlag machen •
> ein Zwischenergebnis festhalten • Aufgaben verteilen / übernehmen •
> Gliederung planen • Verständnis sichern

Klara: Fertigkeiten, Kompetenzen, was ist damit gemeint? *Fachwissen erweitern / Terminologie klären*

Thea: Ich kann's gern machen, weil da hab ich auch schon Materialien.

Klara: Du kannst das machen? Super.

Anne: Fertigkeiten und Kompetenzen für was jetzt?

Klara: Ja, das hab ich auch grad gefragt.

Thea: Äh na wir hatten das allgemein in Bezug auf Deutsch als Zweitsprache, was sind noch mal Fertigkeiten, worauf muss im Unterricht allgemein geachtet werden.

Klara: Wir müssen auf jeden Fall, die „Siebensprungmethode" muss noch rein …

Thea: Na, wann wollen wir die machen?

Klara: … und „problemorientiertes Lernen". Was haben wir denn jetzt alles?

Thea: Wir sollten hier Einleitung machen, dann Projekt, Projektziel. Ich würd es schon nach der Einleitung einbauen, ja?

Klara: Soll ich die dann verschriftlichen?

Anne: Was genau jetzt?

Klara: Die Siebensprungmethode und das problemorientierte Lernen.

Anne: Wie Du willst. Soll ich sonst auch noch was nehmen?

Thea: Wie schreib ich denn das jetzt? Also erst mal Zielstellung? Ich überleg grad, was man als Unterpunkte machen könnte.

Klara: Ich würde einfach hier direkt als Nummer 2 das Projektziel. Und dann Siebensprungmethode als 2.1 vielleicht? Ja, und dann problemorientiertes Lernen.

Anne: Aber ist das nicht übergeordnet und die Siebensprungmethode gehört dazu?

▶ 13a, b

b Hören Sie zwei Ausschnitte aus unterschiedlichen Gruppengesprächen, in denen es darum geht, gemeinsam Entscheidungen über die Arbeitsaufteilung bzw. das weitere Vorgehen im Projekt zu treffen. Worum geht es genau? Welche Entscheidungen werden getroffen? Wie kommen die Entscheidungen zustande?

	Gruppe 1	Gruppe 2
Thema	*Erstellung von Unterrichts- materialien …*	*Zeitplan für …*
Entscheidung / Entscheidungsweg		
Begründung		

▶ 14a, b

c Bei der Zusammenarbeit in Gruppen muss man sich auch über die Forschungsliteratur verständigen, die für das eigene Projekt gelesen werden muss. Hören Sie sich zwei weitere Auszüge aus Gruppengesprächen an, in denen über wissenschaftliche Quellen gesprochen wird. Welche der Punkte in Spalte 1 spielen in der Diskussion eine Rolle? Kreuzen Sie an.

	Beispiel 1: Fernstudieneinheit (Wortschatzarbeit, Schreiben)	Beispiel 2: Publikation von Fandrych / Thurmair
Textinhalt: Zusammenfassung / Verständnis	☐	☐
Kritik / eigener Standpunkt	☐	☐
Aktualität der Quellen	☐	☐
Eignung der Quellen	☐	☐
Anzahl der Quellen	☐	☐
Nutzen für das eigene Projekt	☐	☐

TABUFRAGE

> In meinem Studiengang ist es unmöglich,
> alle Texte zur Vorbereitung der Lehrveranstaltungen
> zu lesen. Ist es nicht ein guter Kompromiss, wenn ich
> zum Seminar gehe, auch wenn ich gar nicht vorbereitet bin?
> Es findet sich schon immer jemand, der die Texte gelesen hat
> und mitdiskutieren will. Ich höre meistens zu – dabei lerne
> ich trotzdem noch was. Unsere Professorin spricht uns ja
> zum Glück nicht direkt an, da kann man sich
> ganz gut „verstecken".

TEST

In den folgenden Sätzen fehlen Verben und andere sprachliche Ausdrücke, mit denen das Forschungshandeln genauer beschrieben werden kann. Kreuzen Sie die passenden Verben / Ausdrücke an. Es können mehrere Antworten richtig sein.

1 In seinem Aufsatz „Pluralisierung oder Assimilation" _____ Esser (2009) die Position, dass eine gemischte Identität mit mehreren Sprachen und Zugehörigkeiten die Sozialintegration behindert.

    a kritisiert   b vertritt   c erklärt

2 Esser _____ die pluralistische Sichtweise, dass die multiple Inklusion integrationsfördernd sei.

    a hinterfragt   b plädiert für   c unterstützt

3 Anna Amelina _____ die assimilationistische Sichtweise von Esser und anderen in ihrem Artikel _____.

    a stellt … heraus   b lehnt … ab   c stellt … in Frage

4 _____ Esser _____ Amelina in dem kulturellen Wissen von Migranten kein Hindernis für eine gelungene soziale Integration.

    a Anders als … sieht   b Ähnlich wie … versteht   c Im Gegensatz zu … erkennt

5 Amelina _____, dass sie Migration nicht als Wechsel von nationalstaatlichen Containern versteht.

    a betont   b warnt   c erwähnt

PROJEKT

Feldforschung: Finden Sie eine Gelegenheit eine wissenschaftliche oder studentische Diskussion zu beobachten, zum Beispiel in einer universitären Lehrveranstaltung oder nach einem Vortrag (notfalls auch im Internet). Notieren Sie, wie das Rederecht verteilt wird und mit welchen sprachlichen Mitteln an die Vorredner_innen angeknüpft und positive bzw. negative Kritik geäußert wird.

Beobachtung von: _____

Thema: _____

Sprecher_innen: _____

Ort: _____

Datum: _____

	Rederecht: Unterbrechung, Handzeichen, Aufforderung, …	Anknüpfung: Zustimmung, Ergänzung, Zweifel / Kritik …	Sprachliche Mittel: Modalpartikeln, Fragen, Verben, wertende Nomen und Adjektive, …
Sprecherwechsel 1			
Sprecherwechsel 2			
Sprecherwechsel 3			
…			

C

Präsentationstypen unterscheiden // Referate vorbereiten und halten //
eine eigene Forschungsarbeit vorstellen // Posterpräsentationen beurteilen //
an einer Konferenz teilnehmen

// REFERAT, VORTRAG, PRÄSENTATION //

Präsentationen an der Hochschule

Ich finde, manche Dozenten machen es sich ganz schön leicht! Sie verteilen am Anfang des Semesters die Referatsthemen und hören den Studierenden dann Woche für Woche von der hintersten Reihe aus zu. Nach der Präsentation noch ein paar Fragen stellen und schon ist das Seminar auch wieder vorbei! Ich weiß nicht, was uns das bringen soll.

Ja, stimmt. Aber es liegt auch nicht nur an den Dozenten. Manche Referate sind einfach furchtbar langweilig. Ich finde, bei Vorträgen geht's nicht ums Labern oder darum, sich in Szene zu setzen. Man muss die wissenschaftliche Diskussion zu seinem Thema darstellen, kompakt und verständlich. Das ist doch das Wesentliche! Manche Studenten haben da so ihre Probleme. Aber vergeudete Zeit ist es nicht.

- Haben Sie bereits Präsentationen während Ihres Studiums an einer Hochschule vorbereitet und gehalten? Berichten Sie von Ihren Erfahrungen.
- Wie stehen Sie zu mündlichen Präsentationen während des Studiums? Empfinden Sie sie als notwendig und gewinnbringend oder eher als „lästiges Übel"? Welchen Stellenwert haben Präsentationen in Ihrem Fach?

Präsentationen unterscheiden und vorbereiten

1 Präsentationsformen unterscheiden

a Präsentationen an der Hochschule können unterschiedliche Namen tragen und Ziele verfolgen. Sind Ihnen die Präsentationsformen bekannt?

Posterpräsentation • Einzelreferat • Gruppenreferat • mündliche Textzusammenfassung / Textdiskussion • Konferenzvortrag • Kurz- bzw. Impulsreferat • Kolloquiumsvortrag • Vorstellung einer Gruppenarbeit • Gastvortrag

b Sehen Sie sich die Bilder an. Um welche Präsentationsformen aus Aufgabe a könnte es sich jeweils handeln?

1

2

3

4

5

6

c Wie sind die Präsentationsformen aus Aufgabe a zu charakterisieren? Lesen Sie die folgenden Aussagen von Lehrenden an der Universität und schreiben Sie in die Lücken, um welche Präsentationsform es sich handeln könnte.

1 „_____ sollen knapp in ein Thema einführen, es umreißen, also einen Überblick geben – zum Beispiel als Einführung auf einer Tagung oder in einem Seminar. Es kann auch darum gehen, dass man eine Diskussionsgrundlage schafft, zum Beispiel mit Thesen zu einem Forschungsthema."

2 „In _____ tragen Studierende vor, was sie in einer Recherche oder beim Lesen wissenschaftlicher Texte herausarbeiten konnten. Aufgabe ist es zum Beispiel, wichtige Thesen aus Texten zusammenzufassen und zu besprechen. Wenn dann mehrere Texte zu einem Thema bearbeitet und vorgestellt werden, kann man im Seminar eine Übersicht über ein Forschungsfeld gewinnen und verschiedene Standpunkte erkennen und vergleichen."

3 „In _____ werden meist eigene Forschungsarbeiten oder Projekte vorgestellt. Das machen mittlerweile nicht mehr nur Experten, also Wissenschaftler. Es gibt auch Studierenden- oder Nachwuchstagungen, wo angehende Wissenschaftler vortragen und sich sozusagen der Kritik und den Fragen zu ihrer Arbeit stellen."

4 „_____ oder _____ unterscheiden sich letztlich nur in der Anzahl der Vortragenden. Die Ziele hängen immer vom Kontext ab. Es kann darum gehen, ein Thema, einen Forschungsstand, eine eigene Forschungsarbeit oder ein Projekt vorzustellen, das eben individuell oder gemeinsam erarbeitet wird."

5 „Der _____ geht meist ein konkreter Arbeitsauftrag vom Dozenten voraus. Diese Aufgabe wird dann häufig im Seminar bearbeitet und anschließend kurz präsentiert, damit alle Teilnehmer auf dem gleichen Stand sind. Die _____ können eine oder mehrere Personen machen."

6 „In einem _____ haben Studierende oder Doktoranden die Möglichkeit, ihr Forschungsprojekt vorzustellen. Sie können gezielt auf Probleme eingehen, mit denen sie im Forschungsprozess konfrontiert sind. Im Austausch mit erfahrenen Wissenschaftlern und anderen Doktoranden werden die Probleme dann diskutiert und man kann sich Feedback einholen."

7 „Einen _____ hält in der Regel ein eingeladener Wissenschaftler oder eine Wissenschaftlerin einer anderen Universität. Da werden häufig Themen bearbeitet, die nicht Schwerpunkt am Institut sind. Man hört dann mal was, was man sonst nicht unbedingt in den Lehrveranstaltungen behandelt."

8 „Die Inhalte und Ziele von _____ können unterschiedlich sein. Entscheidend ist, dass es die mediale Grundlage gibt, mit der man beim Vortrag interagiert und die einzelnen Vortragsschritte visuell unterstützt. _____ laufen oft parallel ab und die Zuhörer können herumlaufen und zwischen den Präsentationen wechseln."

d Fassen Sie mithilfe der Aussagen der Lehrenden aus Aufgabe c zusammen, was inhaltliche Ziele wissenschaftlicher Präsentationen sein können. Setzen Sie hierzu die entsprechenden Verben aus den Zitaten ein (Mehrfacheintragungen sind möglich).

1 in ein Thema *einführen*

2 ein Thema

3 einen Überblick / eine Übersicht über ein Thema oder ein Forschungsfeld

4 eine Diskussionsgrundlage

5 eine These / Thesen

6 einen Text oder mehrere Texte

7 Standpunkte / Positionen

8 eine eigene Forschungsarbeit / ein Projekt

9 sich der Kritik / den Fragen

10 auf Probleme

11 mit einem Problem _____ sein

12 sich mit Wissenschaftlern über ein Thema oder eine Arbeit

13 Probleme

14 Feedback

e Sehen Sie sich die Merkmale der verschiedenen Präsentationstypen aus Aufgabe c noch einmal an. Entsprechen diese Merkmale denen, die Sie aus anderen Fächern und / oder von Hochschulen in anderen Ländern kennen? Stellen Sie einen Vergleich an.

Kategorie	Präsentationen an deutschen Hochschulen im Fach	Präsentationen an _____ Hochschulen im Fach
Typen von Präsentationen		
Beteiligte Personen		
Ziele		
Veranstaltung		
Dauer		
Darstellungsformen (z. B. frei sprechen, Zusatzmaterialien)		

2 **Die Qualität von Präsentationen**

15 **a Hören Sie sich die Aussagen von Mario, Anna und Larissa zu guten und schlechten
Referaten / Präsentationen an. Sammeln Sie die benannten Eigenschaften in der jeweiligen Tabellenspalte. Stimmen Sie mit den Meinungen überein?**

**b Anna und Larissa benutzen den Begriff ‚Präsentation' in einer weiteren Bedeutung.
Was meinen die beiden damit?**

**c Was gilt es Ihrer Meinung nach außerdem zu beachten, wenn man eine gute Präsen-
tation halten möchte? Versuchen Sie, Ihre Gedanken nach Inhalt, Darstellung und Auftreten, Sprache sowie Zusatzmaterialien zu systematisieren.**

Inhalt

Zusatzmaterialien

Darstellung und Auftreten

Sprache

3 Eine Präsentation planen

a Informieren Sie sich in einer Online-Recherche über die Bedeutung der ‚fünf Produktionsstadien' einer Rede, wie sie in der klassischen Rhetorik formuliert wurden.

b Notieren Sie die Stadien in ihrer chronologischen Reihenfolge und charakterisieren Sie sie kurz. Versuchen Sie, ihnen deutschsprachige Bezeichnungen zu geben.

1 ______________________

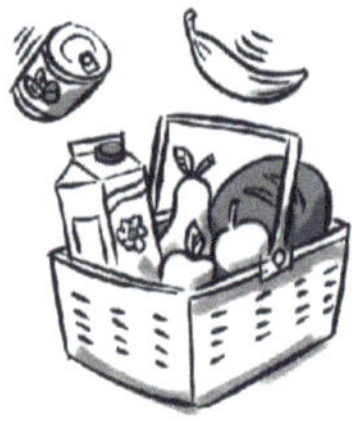

2 ______________________

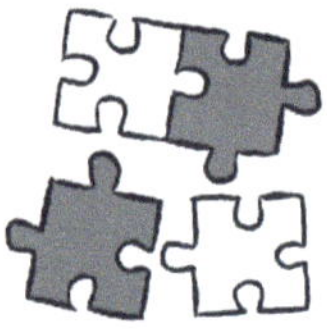

3 ______________________

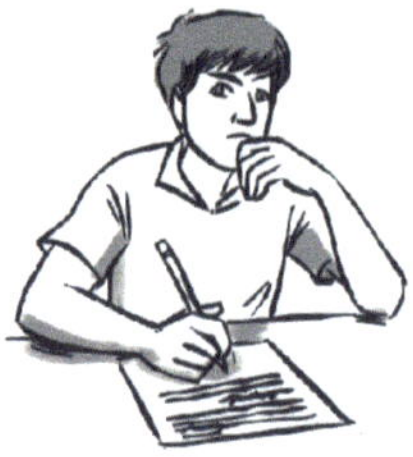

4 ______________________

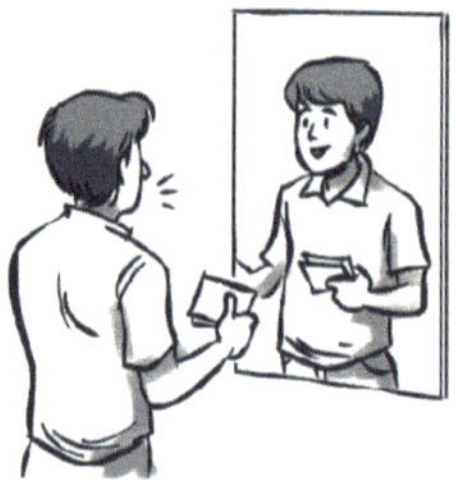

5 ______________________

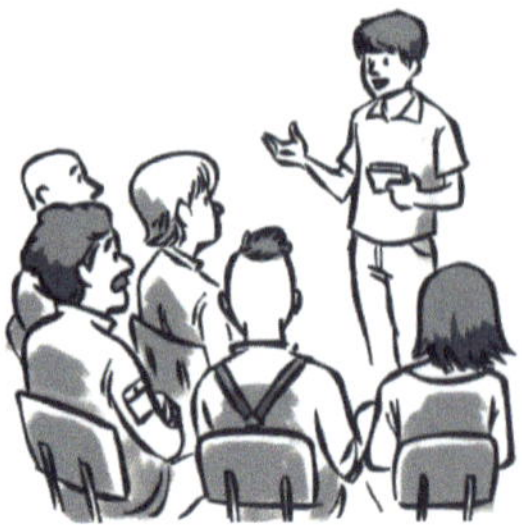

c Welche dieser Schritte sind aus heutiger Sicht für akademische Präsentationen immer noch wichtig? Welche sind eventuell weniger wichtig? Warum?

d Erstellen Sie mithilfe der verschiedenen Phasen eine Checkliste zur Vorbereitung von Präsentationen. Ordnen Sie den Phasen die verschiedenen Handlungen bzw. Schritte aus dem Schüttelkasten in ihrer logischen Reihenfolge zu. Können Sie weitere Schritte ergänzen?

✓ _____
Literaturrecherche

✓ _____

✓ _____
Stichpunkte für Vortrag formulieren

✓ _____

✓ _____
Technik und Vortragsfolien überprüfen

Vortragen vor Publikum •
Vortrag üben •
~~Literaturrecherche~~ •
Vortragsthema eingrenzen •
Vortrag gliedern •
Inhalte in eine logische Reihenfolge bringen •
Zentrale Begriffe bestimmen und definieren •
Forschungsstand erarbeiten •
~~Stichpunkte für Vortrag formulieren~~ • Vergleich von wissenschaftlichen Positionen zu dem Thema •
Handout ausdrucken / kopieren / auf die Lernplattform hochladen •
~~Technik und Vortragsfolien überprüfen~~ •
Fragen aus dem Publikum entgegennehmen •
PowerPoint-Folien oder Handout erstellen • Sprachliche Mittel auswählen • Inhalte reduzieren, aufs Wesentliche beschränken • Kommiliton_innen um Feedback bitten

▷ 16 **e** Hören Sie sich nun an, was die drei Studierenden zur Vorbereitung einer Präsentation bzw. eines Referats sagen. Worauf legen sie besonderen Wert?

Mario	Larissa	Anna

f Ergänzen Sie Ihre Checkliste in Aufgabe d mit den Aspekten, die die drei Studierenden für wichtig halten.

> // **STUDENTISCHE KONFERENZEN UND NACHWUCHSTAGUNGEN** // Es gibt Tagungen und Konferenzen, die sich spezifisch an fortgeschrittene Studierende oder Promovierende richten. Sie stellen eine Gelegenheit dar, eigene Forschungsprojekte in einem wissenschaftlichen Vortrag oder einer Posterpräsentation vorzustellen und sich als Experte / Expertin vor anderen Nachwuchswissenschaftler_innen zu üben. Oft nehmen aber auch einige erfahrene Wissenschaftler_innen teil, die mit ihrer Expertise wertvolle Hinweise geben können. Wollen Sie an einer solchen Tagung teilnehmen, müssen Sie häufig ein Abstract formulieren. Das ist eine kurze Zusammenfassung Ihres Forschungsinteresses sowie der Inhalte, Ziele und des geplanten Vorgehens in Ihrer Präsentation.

a Was ist ein *Call for Papers / Posters* oder ein *Call for Abstracts*? Recherchieren Sie ggf. online.

b Lesen Sie die beiden Calls auf dieser und der nächsten Seite und notieren Sie sich Informationen dazu in der Tabelle.

Call for Papers

Wir laden hiermit alle Studierenden der Sprachwissenschaften und angrenzender Wissenschaften ein, einen Vortrag auf Deutsch oder Englisch zu halten oder einen Workshop anzubieten. Häufig stellen Studierende ihre Bachelor- oder Masterarbeiten vor oder auch ein Forschungsprojekt, an dem sie beteiligt sind. Wir würden uns sehr über ein breites Spektrum an Beiträgen freuen! Thematisch gesehen sind innerhalb der Sprachwissenschaften keine Grenzen gesetzt.

Vorträge können entweder 30 Minuten (20 min Vortrag + 10 min Diskussion) oder 60 Minuten (40 min Vortrag + 20 min Diskussion) lang sein. **Deadline** für das Einreichen Eurer Abstracts ist der **1.10.2016**. Die Abstracts sollten nicht mehr als 250 Wörter umfassen. Sie können innerhalb der Frist an die Mailadresse des Organisationsteams gesendet werden (siehe unter Kontakt). Akzeptierte Formate sind .odt, .docx und plain text.

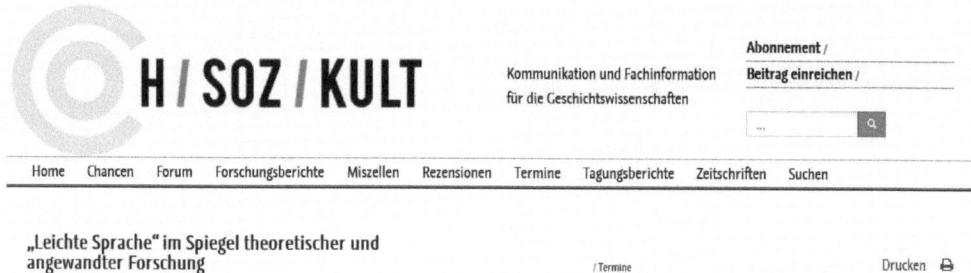
Call for Posters

Tagung: „Leichte Sprache" im Spiegel theoretischer und angewandter Forschung
13.–15. April 2016, Universität Leipzig

Der Einsatz „Leichter" und „einfacher Sprache" in der Praxis vollzieht sich noch immer relativ intuitiv, rein praxisbezogen, unabhängig von wissenschaftlicher Grundlagenforschung. Auf der Tagung sollen daher erstmals Wissenschaftlerinnen und Wissenschaftler der verschiedenen Forschungsdisziplinen, die sich mit „Leichter / einfacher Sprache" befassen, in einen Dialog treten. Eingeladen sind auch Expertinnen und Experten aus Schweden, Österreich und der Schweiz, die „Leichte Sprache" und verwandte Ansätze für ihre praktische Arbeit mit unterschiedlichen Zielgruppen nutzen. Ziel der Tagung ist es, Antworten zu finden, wie Menschen über adressatenorientierte, verständliche Sprache in gesellschaftliche Teilhabeprozesse, die ihnen bisher versperrt sind, einbezogen werden können.
Geplant ist eine Postersession, in der insbesondere Nachwuchsprojekte zum Thema der Tagung vorgestellt werden sollen. Denkbar sind Beiträge aus der Linguistik, Sprachdidaktik, Übersetzungswissenschaft, der Fachsprachenforschung, Förderpädagogik, Soziologie oder Politikwissenschaft.

Mögliche Themenkomplexe und Fragestellungen sind:
1. Wie ist die derzeitige Praxis vor dem Hintergrund existierender Forschung einzuordnen?
2. Welche Aspekte sind in Bezug auf die in der Praxis immer wieder genannten Zielgruppen noch zu erforschen?
3. Wie müssen Texte gestaltet sein, damit sie für die verschiedenen Adressatengruppen tatsächlich verständlich sind?
4. Welche Aspekte auf Wort-, Satz und Textebene sind in die Diskussion einzubeziehen?
5. Wie viel Verständlichkeit und Partizipation ist durch Leichte Sprache in den verschiedenen Lebens- und Kommunikationsbereichen zu gewinnen?

Für die Postersession bitten wir um Beitragsvorschläge bis zum **4. Dezember 2015**.
Bitte senden Sie ein Abstract (ca. 500 Wörter inklusive Literatur) an mustermail@univ-leipzig.de

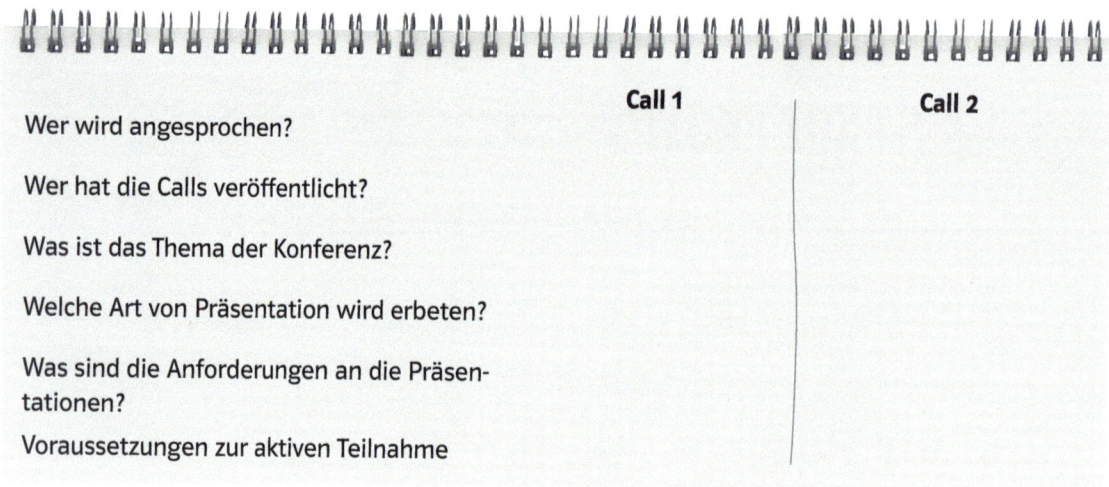

	Call 1	Call 2
Wer wird angesprochen?		
Wer hat die Calls veröffentlicht?		
Was ist das Thema der Konferenz?		
Welche Art von Präsentation wird erbeten?		
Was sind die Anforderungen an die Präsentationen?		
Voraussetzungen zur aktiven Teilnahme		

> // **UP TO DATE IN IHREM FACH** // In der Regel gibt es in jedem Fach einschlägige Webseiten, Mail-Verteiler oder Newsletter, die über aktuelle Veranstaltungen, Workshops und auch (studentische) Konferenzen informieren. Wenn Sie Interesse an der Teilnahme an einer Nachwuchstagung in Ihrer Disziplin haben, recherchieren Sie also am besten online, melden sich für fachspezifische Newsletter an oder erkundigen sich bei Ihren Lehrenden danach.

c Sie werden an der *Leichte-Sprache*-Konferenz teilnehmen, von der im zweiten Call aus Aufgabe b die Rede ist. Was ist ‚Leichte Sprache'? Lesen Sie zunächst den kurzen Info-Text und sehen Sie sich dann das Beispiel aus einem Wahlprogramm darunter an. Was sind die Merkmale ‚Leichter Sprache'? Machen Sie Notizen.

Leichte Sprache ist eine Form barrierefreier Kommunikation, insbesondere für Menschen mit kognitiven Einschränkungen, aber auch für andere Gruppen, die Leseschwierigkeiten haben (funktionale Analphabeten usw.). Leichte Sprache basiert auf in der Praxis erarbeiteten Regeln zur Textvereinfachung, die allerdings wissenschaftlich noch nicht geprüft sind. Die Forschung kritisiert Leichte Sprache zum Teil, weil die Regeln nicht für alle Zielgruppen und Textformen angemessen sind. Die empirische Forschung zu dieser Sprachform befindet sich noch am Anfang.

Die Bundestags-Wahl 2013
Am 22. September wählen die Menschen in Deutschland.
Sie wählen einen neuen Bundestag.
Der Bundestag ist eine große Gruppe von Frauen und Männern.
Sie heißen Abgeordnete.
Was machen diese Frauen und Männer im Bundestag?

- Sie machen Gesetze.
- Sie wählen den Bundeskanzler oder die Bundeskanzlerin.
- Sie prüfen die Arbeit von der Regierung von Deutschland.

Sie achten auf das Geld von Deutschland.

(aus: SPD-Parteivorstand 2013, Das Wahl-Programm der SPD in Leichter Sprache)

d **Lesen Sie ein Originalabstract zum Call der *Leichte-Sprache*-Konferenz aus Aufgabe b. Markieren Sie die Passagen im Abstract, an denen die Verfasserin die sprachlichen Handlungen in der rechten Spalte vornimmt und verbinden Sie diese.**

Beitragsvorschlag, Janine Kaczmarzik (Universität Leipzig)
Was macht die Leichte Sprache leicht?
Über die lexikalische Gestaltung von Wahlprogrammen in Leichter Sprache

Von Texten in Leichter Sprache wird ein bestimmtes, in der gegenwärtigen Praxis als leicht verständlich geltendes Sprachformat erwartet. Wie sich ein leicht verständlicher Text gestalten soll, ist in den Regeln für Leichte Sprache (z. B. vom Netzwerk Leichte Sprache) festgehalten.	Thema einordnen / Hintergrund zum Thema erläutern
Aufgabe der linguistischen Forschung ist es nun, diese Regeln zu konkretisieren und auf ihren praktischen Nutzen der Verständlichkeitsförderung hin zu überprüfen.	Forschungslücken benennen
Ziel meiner Präsentation ist es, einen Beitrag zur linguistischen Beschreibung von Texten in Leichter Sprache zu leisten. In der Untersuchung sollte insbesondere der Frage nachgegangen werden, wie sich	Ziel der Untersuchung / des Beitrags konkretisieren
der verwendete Wortschatz zusammensetzt und näher charakterisiert werden kann.	Untersuchungsaspekte spezifizieren
Da Wortarten „in jeder grammatischen Beschreibung eine wichtige Rolle" (Hoffmann 2009, S.1) spielen, habe ich mich in meiner Arbeit auf diese Analysekategorie konzentriert. Zudem wurden auch Wortunterarten in die Untersuchung mit einbezogen, um die Ergebnisse der Auswertung zu präzisieren.	die Auswahl spezifischer Untersuchungsaspekte begründen
Mein Analysematerial bestand aus thematisch äquivalenten Ausschnitten von allen 2013er Bundestagswahlprogrammen, die in Leichter Sprache zur Verfügung standen.	Fragestellung benennen / über das Untersuchungsmaterial informieren
Dabei wurde die Textsorte Wahlprogramm ausgewählt, weil sie einen wichtigen Schlüssel zur politischen Meinungsbildung und damit zur gesellschaftlichen Teilhabe darstellt.	Auswahl des Untersuchungsmaterials begründen
Die Ergebnisse meiner Untersuchung sollen im Rahmen der Postersession der Leipziger Konferenz zur Leichten Sprache vorgestellt werden.	Ziel des Konferenzbeitrags benennen
Dabei wird vor allem aufgezeigt, welche Wortarten und Wortunterarten innerhalb von Wahlprogrammen in Leichter Sprache besonders stark vertreten sind und wie sich die vorliegenden Resultate interpretieren lassen. Insgesamt hat sich abgezeichnet, dass die Verteilung der Wortarten stark von deren Funktion abhängt. Die Analyseergebnisse legen nahe, dass dahingehend vier verschiedene Gruppen von Wortarten unterschieden werden können.	ausgewählte Ergebnisse aufführen

Literatur:
Hoffmann, Ludger (2009): „Einleitung: Wortarten." In: Hoffmann, Ludger (Hrsg.): Handbuch der deutschen Wortarten. Berlin, New York: Walter de Gruyter: 1-20.

(Kaczmarzik 2016; leicht modifiziert)

e 👥 **Lesen Sie sich hier erneut die Themenkomplexe und Fragestellungen durch, die im *Call for Posters* in Aufgabe b angegeben sind. Nimmt das Abstract Bezug darauf? Orientiert es sich an einer oder mehreren dieser Fragen?**

H / SOZ / KULT

Kommunikation und Fachinformation für die Geschichtswissenschaften

Abonnement /
Beitrag einreichen /

Home Chancen Forum Forschungsberichte Miszellen Rezensionen Termine Tagungsberichte Zeitschriften Suchen

„Leichte Sprache" im Spiegel theoretischer und angewandter Forschung

/ Termine

Drucken 🖨

[...]

1. Wie ist die derzeitige Praxis vor dem Hintergrund existierender Forschung einzuordnen?
2. Welche Aspekte sind in Bezug auf die in der Praxis immer wieder genannten Zielgruppen noch zu erforschen?
3. Wie müssen Texte gestaltet sein, damit sie für die verschiedenen Adressatengruppen tatsächlich verständlich sind?
4. Welche Aspekte auf Wort-, Satz und Textebene sind in die Diskussion einzubeziehen?
5. Wie viel Verständlichkeit und Partizipation ist durch Leichte Sprache in den verschiedenen Lebens- und Kommunikationsbereichen zu gewinnen?

[...]

f 👥 **Haben Sie in Ihrem Studium schon einmal eine eigene Forschungs- oder Projektarbeit vorgestellt? Oder haben Sie schon einmal eine Hausarbeit, einen Projektbericht oder Essay verfasst? Tragen Sie die Materialien zusammen, die Sie dafür genutzt haben (PowerPoint-Folien, Handout, Thesenpapier) oder lesen Sie noch einmal Ihre Hausarbeit. Tauschen Sie sich über Ihre Arbeiten und die folgenden Fragen aus.**

1 In welchem Veranstaltungskontext (Seminar, Konferenz, …) haben Sie die Präsentation gehalten bzw. die Arbeit geschrieben?
2 Welches Thema haben Sie behandelt? Was waren inhaltliche Schwerpunkte?
3 Welches Ziel verfolgte die Arbeit / die Präsentation?
4 In welche Forschungsbereiche kann sie eingeordnet werden? Welche Literatur haben Sie dazu gelesen?
5 Welche Methoden haben Sie angewendet, um das Thema zu erforschen? Haben Sie theoretisch und / oder empirisch gearbeitet?
6 Zu welchen Ergebnissen sind Sie gekommen?
7 Würden Sie gern weiter an dem Thema forschen? Welche Fragen sind eventuell offen geblieben?

g **Stellen Sie sich vor, Sie möchten zu diesem Thema einen Vortrag auf einer Konferenz halten. Erstellen Sie auf Grundlage Ihrer Materialien und der Vorstellung Ihrer Arbeit in der Gruppe ein Abstract (max. 350 Wörter inkl. Literatur), mit dem Sie sich um eine Konferenzteilnahme bewerben.**

Sprachliches Handeln beim Präsentieren

1 **Teilhandlungen beim Präsentieren**

a **Bringen Sie die unten aufgeführten möglichen Teilhandlungen des Präsentierens in eine logische Reihenfolge. Welche Handlungen können zu verschiedenen Zeitpunkten auftreten? Unterstreichen Sie diese.**

Begriffe definieren • Hintergrund / Motivation für die Arbeit erläutern • Thema nennen • Gliederung vorstellen • ~~Publikum begrüßen~~ • Ergebnisse vorstellen • Methoden benennen / diskutieren • Ergebnisse interpretieren / diskutieren • einen Ausblick auf die weitere Forschung formulieren • Forschungsstand referieren • Desiderat benennen • Hypothesen nennen • Beispiele anführen • Forschungsfrage nennen • sich bedanken

Publikum begrüßen

2 **Eine Präsentation einleiten I – Inhalte und der „knackige" Einstieg**

> „Eine gute Rede hat einen guten Anfang und einen guten Schluss – und beide sollten möglichst dicht beieinander liegen."
>
> (Mark Twain)

a **Überlegen Sie, wie die Einleitung zu einer Präsentation aussehen sollte. Wie unterscheidet sie sich in verschiedenen Präsentationskontexten (Seminar, Konferenz, Kolloquium usw.)? Beziehen Sie auch die folgenden Äußerungen in die Diskussion mit ein.**

„Es gehört sich einfach so, dass man sich für die Einführung bedankt."
„Ist es nicht egal, wer spricht, sondern eher wie und worüber gesprochen wird?"
„Ich hab schon Referate gehört, wo bis zum Schluss unklar war, worum es eigentlich ging."
„Es müssen ja keine Witze über die Vorredner gemacht werden, aber ein bisschen Humor am Anfang schadet doch nicht."

b 👥 **Lesen Sie die folgenden Einstiege in Präsentationen und diskutieren Sie: Worin unterscheiden sie sich? Wer könnte hier sprechen? In welchem Rahmen könnte die Präsentation stattfinden? Begründen Sie Ihre Annahme.**

1 Vielen Dank für die freundliche Einführung. Ich freu mich, dass ich heut in diesem Rahmen meine Forschungsarbeit zum Thema … vorstellen darf.

2 Ja, vielen Dank für die Vorstellung und für die Einladung natürlich. Ich bin ja immer ganz begeistert, wie man sich hier so vorbereitet und Informationen über mich sammelt, um einen Vortrag einzuführen.

3 So, ich bin ein wenig nervös, deswegen werd ich wahrscheinlich viel zu schnell reden, aber ihr könnt mich gern unterbrechen.

4 Wir können mit unserem Thema gleich richtig gut anknüpfen an den Vorredner. Wir haben nämlich ein ähnliches Problem betrachtet.

5 Darf ich anfangen, ja?

6 Okay, nun der letzte Beitrag von unserer Gruppe zum Thema…

c **Beurteilen Sie die Einführungen anhand Ihrer Erfahrungen in unterschiedlichen Sprachen, in unterschiedlichen Fächern oder an Universitäten anderer Länder. Sind manche Einstiege für Sie ungewohnt? Warum?**

▶ 17a, b   **d** **Hören Sie sich die Einleitungen von zwei Präsentationen an. Worum geht es jeweils? In welchem Kontext könnten sie stattfinden? Notieren Sie in der Tabelle die einzelnen sprachlichen Handlungen, die die Referentinnen nacheinander vollziehen.**

Vortrag 1	Vortrag 2
das Publikum begrüßen	

e **Worin unterscheiden sich die Einleitungen aus Aufgabe d? Welche finden Sie besser gelungen? Warum? Fehlen Ihrer Meinung nach bestimmte Sprachhandlungen?**

f Sammeln Sie mögliche Redemittel für die sprachlichen Handlungen aus Aufgabe d. Ergänzen Sie auch Ausdrücke aus Aufgabe b. Später können Sie noch weitere hinzufügen.

Ich werde mich mit … beschäftigen.

In meinem Vortrag soll es um … gehen.

Publikum begrüßen

Gliederung vorstellen

▷ 18 **g Sehen Sie sich eine weitere Einleitung an. Die Referentin spricht über ihre Forschung zu ‚Einleitungen studentischer Vorträge'. Beantworten Sie folgende Fragen.**

1 In welchem Kontext könnte die Vortragende ihr Referat halten? Wer könnten die Zuhörer sein?
2 Welches Ziel könnte der Vortrag in diesem Kontext haben?
3 Welche Aspekte / Teilthemen wird die Referentin im Vortrag behandeln?

h Lesen Sie das Transkript des Videoausschnitts und markieren Sie mit verschiedenen Farben die Abschnitte, in denen die Referentin die folgenden Sprachhandlungen vornimmt.

Thema benennen • Publikum begrüßen •
Gliederung vorstellen / Vorgehen ankündigen •
Aufmerksamkeit und Interesse des Publikums wecken •
auf Wissen der Zuhörer Bezug nehmen

„Ähm, ja, also auch von mir guten Morgen. Ähm, ich hatte schon generell damit gerechnet, dass ich jetzt diese Präsentationsrunde eröffnen darf, weil ich mich ja, wie die meisten wissen, mit Präsentationen beschäftige, ähm und da eben auch ganz besonders mit der Gestaltung von Eröffnungen und Einleitungen in studentischen Vorträgen. Ähm, genau.
Also ich möchte jetzt ganz kurz das Thema nochmal vorstellen und die Relevanz und die Forschungsfrage, die sich jetzt für die Projektarbeit ergeben hat und auch ganz kurz auf das Datenmaterial zu sprechen kommen und so die ähm Probleme, die sich dabei bisher so ergeben haben."

i Ergänzen Sie in Aufgabe f weitere Sprechhandlungen und Redemittel, die Sie dem Transkript entnehmen können.

> // EINE PRÄSENTATION GEKONNT BEGINNEN // In der Regel beginnen Sie Ihr Referat mit einem Signal, mit dem Sie die Aufmerksamkeit auf sich ziehen und das Rederecht übernehmen. Häufig sind das nur Ausdrücke wie ‚Gut…' oder ‚Also…'. Je nach Thema, Vortragssituation und Publikum wählen Vortragende gelegentlich auch besondere Einstiege in ihre Präsentation. Diese können humorvoll, unerwartet oder auch provokativ sein und mit Sprache, Bildern oder audiovisuellem Input umgesetzt werden. Sie sichern sich damit die Aufmerksamkeit und wecken die Neugier der Zuhörenden. Gleichzeitig können Sie so bereits auf die Erwartungen des Publikums eingehen und auf vorhandenes Wissen Bezug nehmen.

j Überlegen Sie, was das Besondere an Einleitungen sein könnte, auf die die folgenden Adjektive zutreffen.

überraschend
lobend ernst
klassisch aktuell
aktivierend langweilig
humorvoll

k Lesen Sie die folgenden Beispiele für den Beginn einer Präsentation und versuchen Sie, ihnen ein oder mehrere Adjektive aus Aufgabe j zuzuordnen.

1 *„In der Kürze liegt die Würze.* In diesem Sinnspruch schließe ich mich Shakespeare an und hoffe, ich kann Ihnen in den nächsten Minuten knapp die Ergebnisse meiner Arbeit vorstellen."

2 „Nach den Beiträgen heute fühle ich mich schon wie bei ‚Wer wird Millionär'. Es gibt unsagbar viele schwierige Fragen, auf die wir Antworten finden müssen – ein Joker ist allerdings nicht in Sicht. Der große Gewinn als Belohnung wohl auch nicht."

3 „So, wir wollen Antworten auf die Frage finden, wie die Erderwärmung zu kontrollieren ist. Alle guten Vorschläge meiner Vorredner hab ich mir bereits notiert." *(Sprecher hält ein weißes, leeres Blatt hoch.)* „Ich werde Ihnen im Folgenden erläutern, welche Ergebnisse aus dem Projekt Global-WarM zu einer fundierteren Antwort auf die Frage verhelfen."

4 „Nehmen Sie bitte ein Blatt Papier zur Hand, und schreiben Sie ein Wort auf, das Ihnen zum heutigen Thema ‚autonomes Sprachenlernen' einfällt. [...] Ich werde Ihnen im Folgenden zusammenfassen, welche Ansätze uns die Wissenschaft zu diesem Thema liefert."

5 „Die Abholzung des Regenwalds ist eines der zentralen Probleme unserer aktuellen Umweltpolitik – mit Sicherheit jedoch eines derjenigen, die die Sicherung unserer Existenz auf dieser Erde ganz wesentlich beeinflussen."

6 „Jeder der hier Anwesenden hat einen großen Teil zum Gelingen des Seminars beigetragen. Ich hoffe, mit meiner Abschlusspräsentation alle wichtigen Aspekte adäquat einzubringen, an denen wir gemeinsam gearbeitet haben."

7 „Herzlichen Dank für die freundlichen Einführungsworte und die Vorstellung. Ich bin ja immer ganz begeistert, was man so alles – wahrscheinlich im Internet – vorher zu den Vortragenden herausfindet."

l 👥 Formulieren Sie zu einem der beiden Themen zwei mögliche Einstiege und präsentieren Sie diese im Plenum. Bewerten Sie sie gegenseitig hinsichtlich ihrer Wirkung.

Thema 1: Migration, Assimilation und Inklusion (vgl. Kap. B, ab S. 37)
Thema 2: Leichte Sprache zur Förderung von Inklusion (vgl. Kap. C, ab S. 61)

3 Eine Präsentation einleiten II – Thema nennen und Gliederung vorstellen

a Recherchieren Sie weitere Einleitungen zu wissenschaftlichen Präsentationen, z.B. im GeWiss-Korpus (➲ Exkurs ab S. 131). Notieren Sie sich die sprachlichen Mittel, mit denen die Sprecher_innen das Thema benennen.

b In den folgenden Beispielen wird das Thema einer Präsentation angekündigt. Welches Verb passt? Ordnen Sie zu. Lassen Sie die Linien hinter den Sätzen noch frei.

> sich äußern • erörtern • sich widmen • ~~behandeln~~ • eingehen • machen • sprechen • sich beschäftigen

1 In meinem Vortrag ___behandle___ ich das Thema „Migrationspolitik". *A* ___

2 In meinem Vortrag ___ ich mich dem Thema „Migrationspolitik". ___

3 Ich ___ mich im Folgenden mit dem Thema „Migrationspolitik". ___

4 Ich ___ heut über das Thema „Migrationspolitik". ___

5 Ich ___ auch die „Migrationspolitik" zum Thema meines Vortrags. ___

6 Im Referat werde ich auf das Thema „Migrationspolitik" ___ .

7 Mein Vortrag ___ das Thema „Migrationspolitik". ___

8 In der Präsentation ___ ich mich zum Thema „Migrationspolitik". ___

c Das Wort ‚Thema' nimmt in den Beispielsätzen in Aufgabe b unterschiedliche syntaktische Funktionen an. Ordnen Sie die Satzglieder aus dem Schüttelkasten den Beispielen oben zu.

> Präpositionalobjekt (Präp) • Dativobjekt (D) • Akkusativobjekt (A)

d Bilden Sie mit den Verben aus dem Schüttelkasten weitere Kollokationen. Wenn Sie unsicher sind, konsultieren Sie ein Wörterbuch, z. B. das Digitale Wörterbuch der Deutschen Sprache (DWDS, ➲ Band 1, S. 63).

> aufgreifen (A) • ansprechen (A) • diskutieren (A) (2x) • sprechen (Präp – A) • angehen (A) •
> zuwenden (D) • beschäftigen (Präp – D) • (an)nähern (D) • ansprechen (A) •
> auseinandersetzen (Präp – D) • besprechen (A) • bearbeiten (A) • lauten (N) •
> befassen (Präp – D) • reden (Präp – A) • anschneiden (A)

1 ein Thema _____ 4 das Thema _____

2 sich mit einem Thema _____ 5 über ein Thema _____

3 sich einem Thema _____

> **// PERSÖNLICHE UND UNPERSÖNLICHE AUSDRUCKSWEISE //** Haben Sie schon einmal vom „Ich-Tabu" gehört? Es besagt, dass man sich in der Wissenschaft immer nur unpersönlich ausdrücken sollte. So allgemein stimmt das aber nicht. In Präsentationen ist es zum Beispiel häufiger als beim Schreiben der Fall, dass Sie explizit auf sich und andere Personen verweisen. Das liegt daran, dass Sie sich mit Ihrem Publikum in einer gemeinsamen Sprechsituation befinden und es eine geringere Distanz als beim Lesen von Texten gibt. Dennoch kann man unpersönliche Ausdrücke verwenden, um einen Vortrag sprachlich zu variieren und nicht sich selbst, sondern den Gegenstand in den Mittelpunkt zu rücken. Es gibt dafür verschiedene Möglichkeiten wie Passiv, Modalverben, Subjektschub (➲ Band 1, Kap. C).

e Sie halten ein Referat zum Thema ‚Anforderungen an eine inklusive Gesellschaft'. Üben Sie mit den verschiedenen Kollokationen das Thema zu benennen. Formulieren Sie Ihre Beispiele sowohl in persönlicher als auch unpersönlicher Ausdrucksweise.

persönlich	unpersönlich
In meiner Präsentation beschäftige ich mich mit „Anforderungen …"	Der Vortrag beschäftigt sich mit „Anforderungen…"

> **// THEMA UND GLIEDERUNG VORSTELLEN //** Die Nennung des Themas erfolgt zu Beginn Ihrer Präsentation und ist wichtig, damit alle Zuhörenden ihr Vorwissen dazu aktivieren und Erwartungen zu den Inhalten aufbauen können. Ebenso wichtig für die Orientierung Ihres Publikums ist die Vorstellung der Gliederung. Hilfreich ist es, wenn Sie diese auf einem Handout oder einer Präsentationsfolie zur Verfügung stellen. So kann das Publikum während Ihres Vortrages verfolgen, wo Sie sich gerade befinden und worauf Sie noch eingehen werden. Eine Gliederung kann den Zuhörenden auch dazu dienen, sich strukturiert Notizen zu Ihrem Vortrag zu machen.

▶ 19 **f Hören und lesen Sie eine weitere Einleitung. In der Präsentation wird ein studentisches Forschungsprojekt zum Thema ‚Bedarfe von Teilnehmenden eines Integrationskurses' vorgestellt. Tragen Sie die sprachlichen Ausdrücke, mit denen die Gliederung vorgestellt wird, der Reihe nach in die Übersicht ein.**

„Okay. Dann kann's losgehen. Genau… So… Ähm. Wir haben unsere Arbeit so aufgest also so gegliedert, Folgendes gegliedert. Ähm erstmal haben wir unsere Problemstellung bzw. Forschungsfrage und Erkenntnisinteresse ähm äh formuliert und dann die Begriffs Begrifflichkeiten auch definiert wie zum Beispiel ‚Integrationskurse' und ähm anschließend kommen die äh ‚sprachlichen Handlungsfähigkeiten'. Ähm und dann ham wir unsern Forschungsstand so dargestellt, und ähm ja dazu werden wir auf unsere Bedarfsanalyse so eingehen und ähm das Ganze evaluieren. Und ähm wir gehen auch heute auch auf die Analysemethode [ein] und dann stellen wir so ähm unsere ähm entwickelten Kriterien ähm genau bezüglich de[s] sprachliche[n] Sprachhandlungsfeld[s] Arbeit und Beruf [vor]. Und äh ja, dazu kommen wir natürlich zunächst heute nicht ne, zu den Ergebnissen unserer Aus äh unserer Analyse und deren Auswertung."

(Transkript in sprachlich korrigierter Form)

1. Gliederungspunkt

Erstmal haben wir …
formuliert.

2. Gliederungspunkt

3. Gliederungspunkt

4. Gliederungspunkt

5. Gliederungspunkt

6. Gliederungspunkt

Gliederung

1. Problemstellung/ Forschungsfrage/ Erkenntnisinteresse
2. Begriffsdefinition
   a) Integration, Integrationskurs
   b) Sprachliche Handlungsfähigkeit
3. Forschungsstand
   a) Bedarfsanalysen
   b) Evaluierung
4. Analysemethoden
5. Kriterien des Sprachhandlungsfeldes ‚Arbeit und Beruf'
6. Ergebnisse der Analyse und Auswertung

g Beurteilen Sie die Gliederung. Was würden Sie anders formulieren? Ergänzen Sie die Übersicht in Aufgabe f mit Ihren Vorschlägen.

h Wichtig für eine Gliederung sind Ausdrücke, mit denen Sie Beginn, Ende, spezifische Punkte in der Präsentation und eine chronologische Reihenfolge versprachlichen. Ordnen Sie die folgenden Möglichkeiten der Verknüpfung in diese vier Gruppen ein.

> nachdem ich • dann • danach • zum Schluss • darauffolgend • schließlich • erstmal • abschließend • an der Stelle • zu Beginn • dort • zunächst • nach • als nächstes • es folgt • bevor ich • im zweiten Schritt • zuletzt

Beginn	Chronologie	punktuell	Abschluss
	nachdem ich		

i Formulieren Sie anhand der folgenden PowerPoint-Folien mündlich zwei Gliederungen. Nutzen Sie jeweils unterschiedliche sprachliche Mittel.

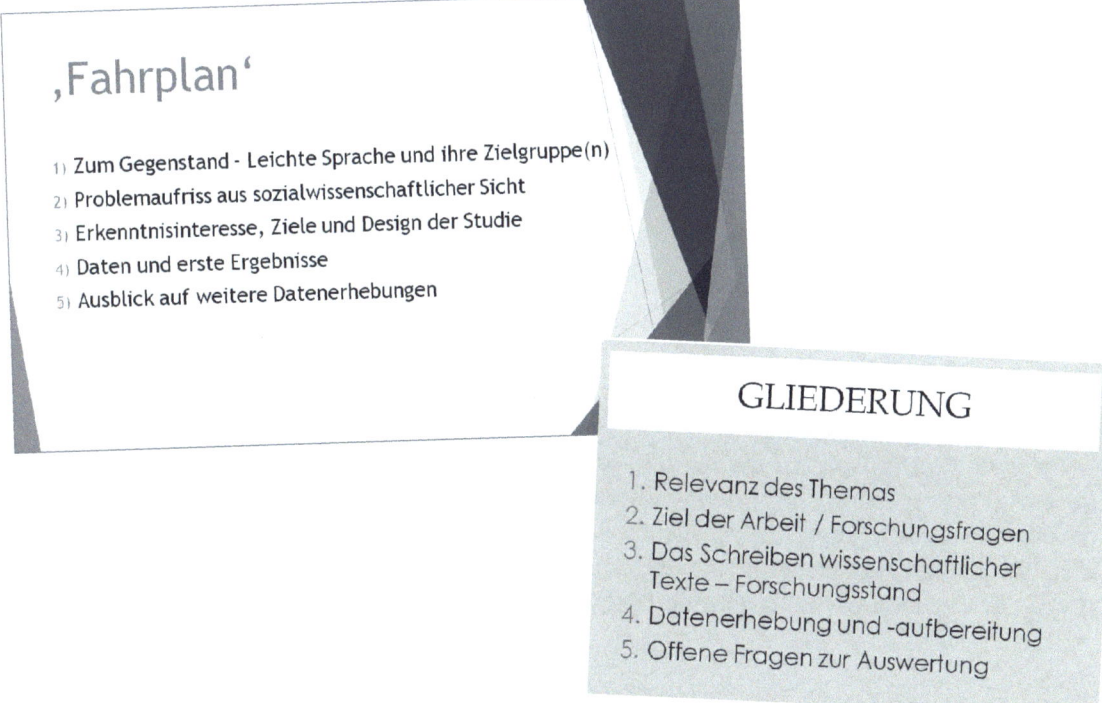

,Fahrplan'

1) Zum Gegenstand - Leichte Sprache und ihre Zielgruppe(n)
2) Problemaufriss aus sozialwissenschaftlicher Sicht
3) Erkenntnisinteresse, Ziele und Design der Studie
4) Daten und erste Ergebnisse
5) Ausblick auf weitere Datenerhebungen

GLIEDERUNG

1. Relevanz des Themas
2. Ziel der Arbeit / Forschungsfragen
3. Das Schreiben wissenschaftlicher Texte – Forschungsstand
4. Datenerhebung und -aufbereitung
5. Offene Fragen zur Auswertung

> **// ZITIEREN UND REFERIEREN //** Die Einordnung eines Präsentationsthemas oder einer eigenen Forschungsfrage geschieht immer in Bezug zur Forschungsliteratur, die Sie gelesen haben. Sie stellen Vergleiche an und setzen das Wissen, das Sie aus den Texten extrahieren, in Beziehung und bewerten es. Ziel ist es meist, mit dem Wissen Lücken und offene Fragen in diesem bestimmten Forschungsfeld zu identifizieren. Sie referieren und zitieren dabei wissenschaftliche Autor_innen und ihre Arbeiten (● Band 2, Kap. B).

▶ 20 **a** **Im folgenden Ausschnitt zur Präsentation ‚Einleitungen studentischer Vorträge' verweist die Vortragende auf ein Material aus der Unterrichtspraxis und begründet mit dessen Mängeln die Relevanz des Forschungsthemas und ihr Forschungsinteresse. Wie beurteilen Sie dieses Vorgehen?**

[…] Ähm, um das noch n bisschen weiter zu verdeutlichen. Ähm, ich hab mich jetzt bis jetzt mehr mit dem Material ixYpsilon auseinandergesetzt. Das is vom Verlag Zett, ähm relativ aktuell, also das hat mehrere Bände, die sind in den letzten beiden Jahren erschienen. Und da geht es tatsächlich auch auf einer Doppelseite nur um Einleitungen und Begrüßungen in ähm also in Vorträgen oder in Uniseminaren, also studentischen Referaten und Präsentationen. Und ähm auch da wird aber sehr also wenig unterschieden zum Kontext und Zweck der Präsentation.
Ähm, das sind also die Redemittel, jetzt nur so als Beispiel aus dem Lösungsschlüssel kopiert. Ähm, man könnte also laut ixYpsilon am besten so beginnen: „Sehr geehrter Professor, liebe Kommilitoninnen und Kommilitonen". Ähm, wir könnten ja nachher so beobachten, wer vielleicht seine Präsentation so [Lachen] ähm einleitet. Ähm und auch inwiefern jetzt diese Redemittel kombinierbar sind oder in welcher Reihenfolge man das darstellen soll, darauf wird auch im Material nicht eingegangen.
Ähm, ja, also das is so n bisschen also die Relevanz und auch das das Problem, an das ich so/ auf das ich so gestoßen bin, ähm, beim Unterrichten auch mit diesem Material.

b **Im nächsten Präsentationsbeispiel geht es um die Frage, wie Integrationskurse gestaltet sein müssen, damit sie den Bedarfen von Immigrant_innen in Deutschland gerecht werden. Recherchieren Sie vor dem Ansehen des Videoausschnitts, was die Begriffe ‚Bedarf', ‚Bedarfsanalyse' und ‚Integrationskurs' bedeuten, und stellen Sie Hypothesen auf, wie diese im Zusammenhang mit der Forschungsfrage stehen könnten.**

c Lesen Sie die beiden kurzen Zusammenfassungen. Was wird hier beschrieben? Ordnen Sie den passenden Begriff zu.

[das BAMF • das Integrationspanel]

1 Es handelt sich hierbei um ein Forschungsprojekt mit dem Titel „Integrationsverlauf von Integrationskursteilnehmenden". Es analysiert die Wirksamkeit und Nachhaltigkeit von Integrationskursen. Dazu wurden zwischen 2007 und 2011 schriftliche standardisierte Befragungen von Integrationskursteilnehmenden und Nicht-Teilnehmenden durchgeführt. [Es] wurde auch die Entwicklung der Sprachkompetenz [...] analysiert.

_____

2 Das deutsche Bundesamt für Migration und Flüchtlinge ist zuständig für die Durchführung von Asylverfahren und für den Flüchtlingsschutz. Weitere Aufgaben sind die Förderung von Integration und die Migrationsforschung.

_____

▷ 21 **d** Sehen Sie sich nun einen Abschnitt der Präsentation an. Welche(s) Ziel(e) verfolgt dieser Abschnitt? Notieren Sie, welche Quellen der Vortragende zitiert oder referiert.

Ziel(e):

Quellen:

e **Lesen Sie nun das gekürzte Transkript des Ausschnitts. Markieren Sie anschließend (z. B. mit unterschiedlichen Farben) die Stellen im Text, an denen der Vortragende die folgenden sprachlichen Handlungen durchführt.**

1 eine neue Quelle einführen / nennen, Informationen zu einer Quelle geben
2 Inhalte referieren (zusammenfassen, erläutern, paraphrasieren)
3 Quellen miteinander vergleichen, in Beziehung zueinander setzen
4 Quellen bewerten / kritisieren
5 Forschungslücken benennen
6 den Forschungsstand zusammenfassen und Schlussfolgerungen ziehen

[…] Ja zur Evaluation von Integrationskursen, die sind jetzt auch nicht von uns, sondern die sind durchgeführt worden vom BAMF, eben das Integrationspanel, was wir uns auch angeguckt haben im Seminar und die Rambøll-Studie schon von 2005. Da kommt eben raus, dass nur die Hälfte
5 der Teilnehmer eines Integrationskurses wirklich innerhalb von 600 Unterrichtseinheiten auf Niveau B1 kommt. […] Die Daten sind natürlich auch sehr alt, 2005. Seitdem hat sich sicherlich einiges verändert in der Zusammensetzung von Integrationskursen, gerade unter den aktuellen Bedingungen. Aber dazu gibt es, soweit ich weiß, noch keine Studien,
10 die das genauer analysieren. Ähm, bei Schröder findet sich auch die Aussage, dass Fragen danach, was denn eigentlich an sprachlichem Wissen genau für eine erfolgreiche Integration erforderlich ist, ähm weitestgehend offen bleiben und die integrierenden Institutionen selbst weitestgehend unerforscht sind. Das ist aber auch, glaub ich, von
15 2007. Also da hat sich sicherlich auch einiges getan. Und im Integrationspanel kommt ja auch schon deutlich heraus, also je nachdem wo man's liest, dass […]. Das große Problem am Integrationspanel ist aber auch, dass die gesamten Daten, die da erhoben werden, auf Selbsteinschätzung der Teilnehmer beruhen. Also man, es ist das gleiche Problem
20 wie mit der Bedarfsanalyse [wurde in vorherigem Abschnitt thematisiert]. Man versucht hier so Pseudoexperten zu schaffen, die ähm sich dann selbst evaluieren oder selbst einschätzen, was sie brauchen. Was natürlich die Daten ähm ein bisschen verzerren könnte.

25 Also insgesamt äh Fazit: die Integrationskurse leisten noch nicht das, was sie leisten sollen oder, was man äh ja vorhatte zu leisten. Es gibt natürlich noch andere Faktoren, die bei der Integration 'ne Rolle spielen. Also nicht nur Sprachkurse können da einen Teil leisten, sondern äh, genau, es gibt vielleicht auch strukturelle Faktoren, die dazu zum Scheitern ähm der Integration vor allem aufm Arbeitsmarkt
30 beitragen. Wie zum Beispiel, dass […] oder ja, andere Faktoren, die man jetzt auch berücksichtigen müsste, wenn man genauer analysiert, warum äh, diese Sprachkurse so noch nicht das erreicht haben, was sie erreichen wollen.

f Notieren Sie sich nun die Ausdrücke aus Ihren Markierungen, mit denen der Vortragende die spezifischen Handlungen vollzieht. Kennen Sie weitere Ausdrücke? Ergänzen Sie diese.

eine neue Quelle einführen / nennen, Informationen zu einer Quelle geben	*...* *Rambøll-Studie schon von 2005*
Inhalte referieren (zusammenfassen, erläutern, paraphrasieren)	
Quellen miteinander vergleichen, in Beziehung zueinander setzen	
Quellen bewerten / kritisieren	*Das große Problem ist aber auch ...*
Forschungslücken benennen	
den Forschungsstand zusammenfassen und Schlussfolgerungen ziehen	

g Es gibt verschiedene Möglichkeiten deutlich zu machen, dass es sich um Zitate oder Referiertes handelt. Ergänzen Sie die folgenden Sätze mit jeweils einem Ausdruck aus dem Schüttelkasten.

(D) zufolge • laut / nach (D) • wie • folgendermaßen • so • hierzu / dazu

1 Langner (2005) _____ ist dieses Argument allerdings hinfällig.

2 Bauer äußert sich dazu schließlich _____ : Das Modell habe zwar Mängel, funktioniere aber in der Praxis.

3 _____ Bernhard vereint die Theorie aber nur drei Faktoren.

4 Das Modell sei unvereinbar mit neuen Erkenntnissen, _____ Herrmann.

5 _____ Männert (2014) betont, spielen drei Faktoren dabei eine Rolle.

6 Die Theorie wird in der Forschung allgemein als veraltet betrachtet. _____ detaillierter Klausen: „Die Ansicht, dass diese Theorie veraltet sei, [...]."

h Konsultieren Sie das GeWiss-Korpus zur gesprochenen Wissenschaftssprache (● Exkurs ab S. 131) und recherchieren Sie in der Konkordanzsuche unter dem Reiter ‚Verweis / Zitate' nach weiteren Möglichkeiten, auf Forschungsliteratur Bezug zu nehmen. Ergänzen Sie die Übersicht in Aufgabe f.

5 Die eigene Forschungsarbeit vorstellen I – Forschungsfrage formulieren, Hypothesen aufstellen

> **// FORSCHEN UND PRÄSENTIEREN //** Wenn Sie selbst ein Projekt durchführen, z. B. im Rahmen Ihrer Bachelor-, Master- oder Doktorarbeit, und dieses präsentieren, müssen Sie dem Publikum verdeutlichen, wie Ihr Vorgehen war und welche Entscheidungen Sie aus welchen Gründen getroffen haben. Sie präsentieren unter anderem die Forschungsfrage, die Methoden, die Sie zur Beantwortung der Forschungsfrage angewandt haben, und die Ergebnisse Ihrer Analyse. (➲ Forschungskreislauf, S. 96)

▶ 22 **a** Schauen Sie sich die Präsentation zum Thema ‚Einleitungen studentischer Vorträge' weiter an und bringen Sie die PowerPoint-Folien nach den Inhalten, die die Studentin behandelt, in die richtige Reihenfolge.

Literatur in Auswahl

Berkemeier, Anne (2006), *Präsentieren und Moderieren im Deutschunterricht*. Baltmannsweiler: Schneider Verl. Hohengehren.

Ehlich, Konrad (1999), Alltägliche Wissenschaftssprache. *Info DaF* 26: 1, 3–24.

Fandrych, Christian (2006), Bildhaftigkeit und Formelhaftigkeit in der allgemeinen Wissenschaftssprache als Herausforderung für Deutsch als Fremdsprache. In: Konrad Ehlich & Dorothee Heller (Hrsg.), *Die Wissenschaft und ihre Sprachen*. Bern: Lang, 39–61.

Guckelsberger, Susanne (2006), Zur kommunikativen Struktur von mündlichen Referaten in universitären Lehrveranstaltungen. In: Konrad Ehlich & Dorothee Heller (Hrsg.), *Die Wissenschaft und ihre Sprachen*. Bern: Lang, 147–173.

Lobin, Henning (2007), Textsorte 'Wissenschaftliche Präsentation'. Textlinguisitische Bemerkungen zu einer komplexen Kommunikationsform. In: Bernt Schnettler & Hubert Knoblauch (Hrsg.), *Powerpoint-Präsentationen. Neue Formen der gesellschaftlichen Kommunikation von Wissen*. Konstanz: UVK, 67–82.

Petkova-Kessanlis, Mikaela (2014), Grade sprachlicher Formelhaftigkeit bei der Realisierung der Textsorte »Studentisches Referat« in der Fremdsprache Deutsch. In: Christian Fandrych; Cordula Meißner & Adriana Slavcheva (Hrsg.), *Gesprochene Wissenschaftssprache. Korpusmethodische Fragen und empirische Analysen*. Heidelberg: Synchron, 177–192.

1

ixYpsilon (2013), Verlag zett

Begrüßung der Zuhörer, Selbstvorstellung (Lösungsschlüssel):

Vortrag im Uni-Seminar:

• Sehr geehrter Herr Professor..., liebe Kommilitoninnen und Kommilitonen...
• Für die, die mich noch nicht kennen: Mein Name ist...
• Innerhalb unseres Seminarthemas spreche ich heute über den Aspekt...
• Heute ist die Reihe an mir mit dem Vortrag über...
• Mein Name ist...

2

Beispiele aus dem GeWiss-Korpus

Text durch Klicken hinzufügen

[1]	AM_0211 [v] (1.3) okay also anja und ich äh (.) wir stellen jetzt das thema indirekte rede
[2]	AM_0211 [v] vor und äh vor allem im bezug auf den sprachgebrauch und auf die
[3]	AM_0211 [v] vermittlung in übungsgrammatiken (0.9) äh (.) zur übersicht zunächst also
[4]	AM_0211 [v] ich werd äh uns noch kurz äh so_n paar grundregeln für die indirekte rede in
[5]	AM_0211 [v] erinnerung rufen (0.5) danach einige beispiele äh für den formellen
[6]	AM_0211 [v] sprachgebrauch geben und dann äh stellt anja die vermittlung in

3

Beschreibungsebenen (nach Petkova-Kessanlis 2014: 181f)

- strukturelle/ konzeptionelle Ebene
  - Welche Elemente gehören zur Einleitung in SV?
  - In welcher Reihenfolge?
- sprachliche Ebene
  - Welche musterhaften Formulierungen treten auf?
  - Duzen/ Siezen/ Ersatzstrukturen?
  - Umgangssprache vs. ‚alltägliche Wissenschaftssprache‘
  - Explizite Überleitung zum Hauptteil?

4

Datengrundlage

Studentische Vorträge im GeWiss-Korpus
- Bachelor- und Masterstudium
- Einzel- und Gruppenvorträge
- Referate und Präsentationen von Projekten

Deutsch L1, akademischer Kontext: Deutschland (16)

Deutsch L2, akademischer Kontext: Deutschland (15)

5

Fragestellung:

Welche (strukturellen) Elemente treten in der Einleitung studentischer Vorträge auf und wie sind diese sprachlich gestaltet?

6

Arbeitsschritte und offene Fragen:

- Abgrenzung der Begrifflichkeiten:
  - Handlungsmuster, kommunikative Gattung, Textsorte, ...
  - Studentischer Vortrag: Präsentation eines eigenen Projekts vs. Referat mit vorgegebenem Thema

- Vergleich zum Unterrichtsmaterial oder ‚nur‘ Vergleich der SV untereinander (Unterscheidung zwischen L1 und L2-Sprechern)

7

Grundlegende Annahmen

Studentische Vorträge (SV):
- besonders wichtige Textsorte im Studium im deutschsprachigen Raum (vgl. u.a. Guckelsberger 2005, Petkova-Kessanlis 2014)

Vermutungen:
- in der Fremdsprache u.U. eine besondere Herausforderung
- im Unterrichtsmaterial DaF unzureichend didaktisiert

Einleitungen von SV:
- „Captatio benevolentiae“
- konventionalisiert – individuelle Gestaltung

8

▶ 23 ▸ **Sehen Sie sich einen Abschnitt der Präsentation erneut an und beantworten Sie die folgenden Fragen.**

1 Warum hält die Studentin das Thema für relevant? Wie begründet sie dies? Welche Beispiele führt sie an, um ihre Argumentation zu stützen?

2 Welche Eigenschaften von Einleitungen hebt die Studentin als besonders interessant hervor, wenn sie von einem ‚Spannungsfeld‘ spricht, in dem sich Einleitungen befinden?

3 Was ist das Ziel der Forschungsarbeit? Wie lautet die Forschungsfrage?

c Lesen Sie sich die drei Transkriptauszüge durch und markieren Sie die Textstellen, in denen die Studentin bestimmte Sprachhandlungen (rechts bzw. links neben dem Transkript) vornimmt. Beachten Sie: Manche Passagen können mehrere Sprachhandlungen umfassen und Sprachhandlungen können mehrfach auftreten.

„Ähm, ganz kurz vielleicht zu den grundlegenden Annahmen. Ich denk, wir sind uns wahrscheinlich einig, dass so studentische Vorträge erstmal eine besonders wichtige Textsorte im Studium, zumindest im deutschsprachigen Raum darstellen, also auch wenn man das vielleicht mit seiner eigenen Studienerfahrung so am Institut vergleicht.	Ausgangspunkt bzw. Hintergrund der Überlegungen zum Thema erläutern
Ähm, gleichzeitig, das is jetzt eher, das sind jetzt eher so meine Vermutungen aus der Unterrichtspraxis her und auch so, ja, vor allem aus der Unterrichtspraxis, dass doch Präsentationen in der Fremdsprache nochmal eine zusätzliche Herausforderung darstellen, das is natürlich sehr sprechertypenabhängig, aber, ähm, generell, dass also die Fremdsprache da nochmal eine weitere Herausforderung bildet, und ähm dass das Unterrichtsmaterial im Bereich Deutsch als Fremdsprache, wenn es um Uniseminare und Vorträge geht, doch ähm sehr wenig ähm zu Präsentationen bietet und das sehr unterspezifiziert darstellt und also sehr wenig didaktisch aufbereitet ist.	Relevanz des Themas mit eigener Erfahrung begründen
	auf das Wissen und die Erfahrungen des Publikums Bezug nehmen
	Relevanz des Themas mit Mängeln in der Praxis begründen

den Untersuchungsgegenstand spezifizieren	Ähm, ich möcht mich ja ganz besonders mit den Einleitungen von studentischen Vorträgen beschäftigen, weil ich denke, dass das ähm ja in einem ganz interessanten Spannungsfeld liegt, also einerseits zwischen so Wissenschaftssprache und wissenschaftlicher Vortrag, aber auch Umgangssprache, und das, was ich jetzt so als captatio benevolentiae bezeichnet hab, also so das Aufmerksamkeit erhaschen und Wohlwollen des Publikums, das is also ja auch eine sehr komplexe sprachliche Handlung, grade auch in der Fremdsprache. [...]
Thema bzw. Spezifizierung des Themas begründen	
Hypothesen aufstellen	
Hypothesen erläutern	Ähm, und es is eben doch konventionalisiert, man hat gewisse Erwartungen auch in einem Uniseminar an eine Einleitung, aber es is auch individuell gestaltet, man reagiert ggf. auf Vorheriges, vielleicht gab es schon eine Einleitung durch die Dozentin, und man reagiert darauf, ähm, was dann wieder spontane Sprachproduktion erfordert, auch wenn vielleicht die Einleitung vorbereitet war. [...]
Beispiele anführen	

<table>
<tr>
<td>

Ähm, die Fragestellung deshalb für jetzt meine Pro-
jektarbeit ist ähm, also welche strukturellen Elemente
treten in der Einleitung in studentischen Vorträgen
auf und wie sind die sprachlich gestaltet.
Ähm, ich kann das noch ein bisschen verdeutlichen.
Ich hab jetzt/ Das ist jetzt die bisherige Überlegung,
zwei Beschreibungsebenen ähm zu unterscheiden, einer-
seits die strukturelle bzw. konzeptionelle Ebene, auf
der man fragt, also: Welche Elemente kommen denn vor
in der Einleitung in studentischen Vorträgen und ähm
in welcher Reihenfolge kommen die vor? Und dazu kommt
dann die sprachliche Ebene. Also wie ist das sprach-
lich gestaltet? Ich gehe davon aus, also von dem, was
ich bisher gelesen habe und so aus der Datensichtung
heraus, dass ähm also musterhafte Formulierungen einen
wichtigen Teil/ eine wichtige Rolle spielen. Ähm die
Frage nach dem Duzen und Siezen ist, denk ich, ganz
interessant bei Einleitungen. Oder vermeidet man die
direkte Ansprache, weil es vielleicht manche Personen
im Raum gibt, die man duzt, andere siezt man, wie löst
man das dann? Ähm dann auch die Frage, wie umgangs-
sprachlich ist das vielleicht oder lassen sich da
Formulierungen der Wissenschaftssprache zuordnen,
grade wenn's um äh das Vorstellen der Gliederung geht.
Und ähm gibt es eine Überleitung zum Hauptteil und
wenn ja, wie ist die sprachlich gestaltet.

</td>
<td>

Forschungsfrage
nennen

Forschungsfrage
genauer erklären

Hypothesen aufstellen

Detailfragen stellen

</td>
</tr>
</table>

> // **FORSCHUNGSFRAGE(N) FORMULIEREN** // Die Forschungsfrage ist der Ausgangspunkt
jeder wissenschaftlichen Arbeit (❯ Band 2, Kap. C). Das Ziel, diese Frage zu beantworten, leitet den Forschungsprozess und wirkt sich auch auf die Wahl der Untersuchungsmethode aus. Die Forschungsfrage
ist damit auch ein zentraler Bestandteil Ihrer Präsentation. Wissenschaftliche Fragestellungen können
je nach Forschungsziel unterschiedlich gestaltet sein (❯ Band 2, Kap. C, Frageabsicht). Es gilt immer: Die
Forschungsfrage muss relevant und erforschbar sowie sehr präzise formuliert sein. Das heißt, zentrale
Begriffe oder Kategorien, die bei der Erforschung eine Rolle spielen, müssen einbezogen werden.

**d Welche der folgenden Forschungsfragen halten Sie für gut und welche für weniger gut
gestellt? Begründen Sie Ihre Meinung.**

1 Wie hat sich die Zufriedenheit von Immigranten in Deutschland seit den Reformen zur Gestaltung
   von Integrationskursen verändert?
2 Warum ist es richtig, dass Teilnehmer_innen an Integrationskursen eine Mindestzahl an Kursstun-
   den absolvieren müssen?
3 Welchen Nutzen haben Tiere für die Menschheit?
4 Inwiefern trägt Leichte Sprache zur Förderung von Inklusion im Arbeitsleben bei?

e Es gibt verschiedene Typen von Forschungsfragen mit unterschiedlichen Zielen bzw. Absichten. Wie können die unterschiedlichen Fragetypen und -ziele paraphrasiert werden? Und welche allgemeine Frage steht dahinter? Ordnen Sie zu.

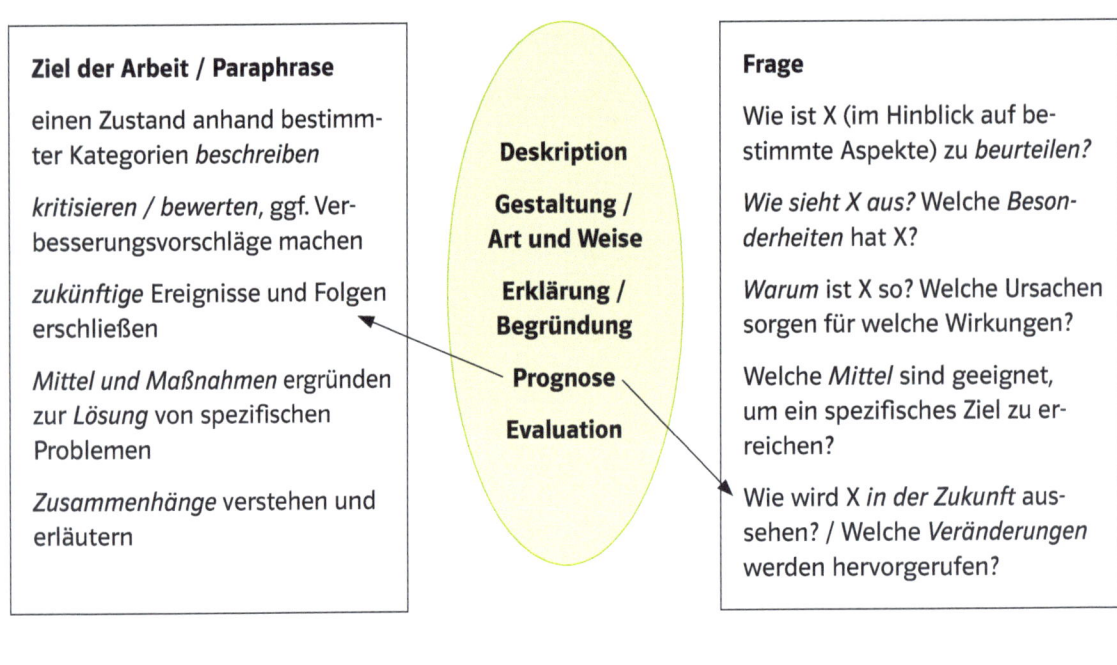

Ziel der Arbeit / Paraphrase

einen Zustand anhand bestimmter Kategorien *beschreiben*

kritisieren / bewerten, ggf. Verbesserungsvorschläge machen

zukünftige Ereignisse und Folgen erschließen

Mittel und Maßnahmen ergründen zur *Lösung* von spezifischen Problemen

Zusammenhänge verstehen und erläutern

Deskription

Gestaltung / Art und Weise

Erklärung / Begründung

Prognose

Evaluation

Frage

Wie ist X (im Hinblick auf bestimmte Aspekte) zu *beurteilen?*

Wie sieht X aus? Welche *Besonderheiten* hat X?

Warum ist X so? Welche Ursachen sorgen für welche Wirkungen?

Welche *Mittel* sind geeignet, um ein spezifisches Ziel zu erreichen?

Wie wird X *in der Zukunft* aussehen? / Welche *Veränderungen* werden hervorgerufen?

f Ordnen Sie die jeweiligen Fragetypen den folgenden Forschungsfragen zu.

[Gestaltung • Erklärung • Evaluation • Prognose • Deskription]

1 Wie sieht die derzeitige Integrationspraxis in Berlin aus? Welche Aspekte von Interkulturalität werden wie berücksichtigt? _Deskription_

2 Wann und mit welchem Ziel finden Sprachwechsel in der Zweitsprachen-Kommunikation statt?
_____

3 Mit welcher Unterrichtsmethode gelingt die Sprachausbildung bis B1 in Integrationskursen am schnellsten? _____

4 Warum lernen mexikanische Studierende das Passiv langsamer als arabische?
_____

5 Wie lässt sich eine Steigerung der Teilnehmerzahlen an Integrationskursen sicherstellen?
_____

6 Wie wirkt sich die Herkunftssprache auf den Erwerb des Deutschen als Zweitsprache aus?
_____

7 Wie werden sich die beruflichen Beschäftigungsmöglichkeiten der Teilnehmer_innen aufgrund des erhöhten Stundenpensums der Integrationskurse verändern? _____

g 🧑‍🤝‍🧑 **Stellen Sie eine Verbindung zwischen den unten genannten Untersuchungsaspekten her, indem Sie Forschungsfragen dazu formulieren. Besprechen Sie im Anschluss, welchem Typ aus Aufgabe e die Fragen jeweils zugeordnet werden könnten.**

1 vegan + Gesundheit
2 Integration + Sprache
3 Wissenschaftssprache + Internationalisierung der Hochschulen

Beispiel: Leichte Sprache + Inklusion
Mögliche Forschungsfragen:
Warum bedarf es einer Leichten Sprache zur Verbesserung von Inklusion? (Erklärung)
Inwiefern trägt Leichte Sprache zu einer Verbesserung von Inklusion in der Schule bei? (Erklärung)
Welche Regeln Leichter Sprache sind hinderlich für den Erwerb grammatischer Kompetenzen durch inklusive Schüler? (Deskription, Evaluation)

h Versuchen Sie für zwei Forschungsfragen aus den vorangegangenen Übungen Hypothesen zu formulieren. Sie können die folgenden Redemittel dafür nutzen.

Wenn …, dann … • Aufgrund …; Da … • Es kann davon ausgegangen werden, dass … •
Es kann angenommen werden, dass …

Beispiel:
Inwiefern trägt Leichte Sprache zu einer Verbesserung von Inklusion in der Schule bei?

Es kann angenommen werden, dass Leichte Sprache an Grundschulen zu verbesserten
Inklusionsergebnissen führt, weil …

6 **Die eigene Forschungsarbeit vorstellen II – Daten einbinden, analysieren und interpretieren**

> **// ANALYSE UND ERGEBNISSE //** Aus Ihrer Forschungsfrage und den Hypothesen resultiert Ihr methodisches Vorgehen. Manchmal erheben Sie Daten oder nutzen vorliegende Daten. Beim Vorstellen der Analyse ist es wichtig, Ihre Methodenwahl zu erläutern und zu begründen. Für die Hörer_innen kann es hilfreich sein, wenn Sie dafür auch Beispiele einbeziehen. Je nach Gegenstand, Daten und Forschungsziel nutzen Vortragende hier verschiedene Medien und Anschauungsmaterialien. Bei sogenannten quantitativen Untersuchungen kommen oft Tabellen und Grafiken zum Einsatz, bei qualitativen eher Interviewmaterial, Textausschnitte, Modelle und Schemata (❯ Band 2, Kap. A., S. 18).

▶ 24 **a Sehen Sie sich einen weiteren Ausschnitt aus der Präsentation zu ‚Einleitungen studentischer Vorträge' an, in dem die Studentin auf ihr Vorgehen und ihr Analysematerial im Rahmen ihrer Forschungsarbeit zu sprechen kommt. Beantworten Sie zunächst folgende Fragen.**

1 Wie versucht die Studentin in ihrer Arbeit die Forschungsfrage zu beantworten? Welche Aspekte werden ihrer Meinung nach bei der Analyse relevant sein?
2 Welche Auswahl trifft die Studentin hinsichtlich des Daten- bzw. Analysematerials? Welche Unsicherheit besteht bezüglich der Auswahl?

▶ 25 **b Sehen Sie sich einen weiteren Ausschnitt an und lesen Sie das Transkript. Die Studentin nimmt hier Bezug auf ihre Daten. Ordnen Sie ihre Äußerungen danach ein, ob sie die Daten *einführt*, sie *beschreibt / vergleicht / erklärt* oder sie *interpretiert*. Schreiben Sie die Ausdrücke, die sie nutzt, in die Tabelle auf der nächsten Seite.**

```
Vielleicht noch ganz kurz, ja, ganz kurz zwei Beispiele. Das wäre also so
eine Einleitung aus dem GeWiss-Korpus. Ich les das mal kurz vor, um das
'n bisschen zu verdeutlichen: „[…]" und so weiter. Also dann stellt sie
die Gliederung vor, also so ein Ausschnitt aus der Einleitung. Also es
gibt schon irgendwie eine Begrüßung, die Referenten stellen sich vor,
also zumindest „Anja und ich" und, äh, das Thema wird vorgestellt und
dann geht man auf die Gliederung ein, also das geht hier noch weiter.
[Folienwechsel] Das kann aber auch anders aussehen, zum Beispiel so:
„[…]" Und dann hört die Einleitung schon auf, denn danach folgt eine
Begriffsdefinition. Und also das is schon mitten im Hauptteil dann.
Äh was aber ganz interessant ist, beide beginnen mit „okay, also". Also
„okay", dann eine Pause, und dann „also". Ähm, das heißt, klar, man merkt
schon, das passt n/ also das von ixYpsilon, meine Beispiele treten jetzt
hier nicht auf, das ist jetzt nicht so überraschend, aber ich denke, es
ist doch ganz interessant zu schauen, was, was kommt denn eigentlich vor
in den studentischen Vorträgen. Wie gesagt, das ist jetzt vielleicht/
also das ist das kürzeste Beispiel, das ich finden konnte.
```

Einführung	Beschreibung / Vergleich / Erklärung	Interpretation
... noch ganz kurz zwei Beispiele	Also dann stellt sie die Gliederung vor	Also es gibt schon irgendwie ... also zumindest ...

c **Ordnen Sie auch die folgenden Beispiele der jeweiligen Spalte in Aufgabe b zu.**

1 Hier ist nun der Kreislauf zu sehen: In Gelb die Faktoren, in Blau die Konsequenzen •
2 Hier ein weiteres Beispiel ... • 3 Liest man das Ergebnis richtig, heißt das letztlich
nichts anderes, als dass ... • 4 Links hab ich die einzelnen Faktoren zusammengefasst ... •
5 Das zeigt uns im Endeffekt nichts. Nur der Balken hier könnte für ... stehen. • 6 An
dem vierten Punkt hier sehen Sie, wie die Faktoren zusammenwirken. • 7 Das ist ein
schönes Beispiel dafür, dass ... • 8 Und nochmal so ein ähnliches Beispiel ... • 9 Das
stammt aus ... • 10 Hier unten hab ich nur ergänzt, dass ... • 11 Wenn wir uns mal folgende Grafik ansehen, ... • 12 Was daraus abzuleiten ist, ist ... • 13 Da haben wir in Grün
wieder die Aussagen zur ersten Frage.

> **// SEHEN UND ERKENNEN //** In Ihrer Präsentation nehmen Sie oft Bezug auf das, was Sie
> selbst in der Forschungsliteratur oder aus Datenanalysen „sehen und erkennen" konnten. Ihr Vortrag
> dient aber auch dazu, Erkenntnisse für andere „sichtbar" zu machen und zu verdeutlichen. Sprachli-
> che Mittel, mit denen man das ‚Sehen', ‚Erkennen', ‚Zeigen' ausdrückt, werden hierfür häufig verwen-
> det. Sie können auf einen realen, das heißt, auf einen physisch wahrzunehmenden Input (Folien,
> Grafiken usw.) verweisen oder sie dienen der Interpretation von Wissen. Viele Ausdrücke, die Be-
> griffe des Sehens beinhalten, sind metaphorisch, also bildhaft (❂ Band 1, Kap. B).

d **Klassifizieren Sie die folgenden Beispiele danach, ob sie metaphorisch / bildhaft (m)
oder wörtlich (w) gemeint sind. Für welche Beispiele kann beides (b) angenommen werden?
Erläutern Sie mit Ergänzungen des Satzes oder anhand möglicher Kontexte.**

1 In Satz 3f sehen Sie ein Fragezeichen.   w
2 Werfen Sie jetzt einen Blick auf diese Aussage.
3 Schauen wir uns den Text von Schmidt an, ...
4 Ersichtlich wird dies an den grünen Spalten.
5 Die Konsequenzen werden hier näher beleuchtet.
6 Betrachten Sie die graue Linie!
7 Was sehen wir nun hier?
8 Diese Tendenz ist als Indikator für ... anzusehen.
9 Es leuchtet ein, dass ... .

e 👥 **Beschreiben Sie Ihrem / Ihrer Gesprächspartner_in eine der beiden Grafiken auf der nächsten Seite. Ihr_e Partner_in beschreibt Ihnen die andere. Gehen Sie bei der Bearbeitung folgendermaßen vor:**

1 Sehen Sie sich Ihre Grafik im Detail an. Worum geht es? Machen Sie sich Stichpunkte zur Beschreibung der Grafik. Was ist wo zu sehen?

2 Machen Sie sich Stichpunkte zu verallgemeinerbaren Aussagen und Tendenzen, die aus der Grafik abzulesen sind. Was ist besonders auffällig? Womit könnte das zusammenhängen?

3 Stellen Sie Ihrem / Ihrer Partner_in nun die Grafik vor. Sie können die folgende Tabelle mit einigen Redemitteln dafür nutzen. Führen Sie die Grafik ein, beschreiben Sie sie und interpretieren Sie die Ergebnisse, die darin abzulesen sind.

4 Ihr Partner macht sich dabei Notizen zu Ihrer Präsentation mithilfe folgender Fragen:
   • Habe ich alles verstanden? Ist die Interpretation logisch und nachvollziehbar?
   • Ist die Präsentation für mich ausreichend „wissenschaftlich"? Hat sich mein_e Partner_in trotz gesprochener Sprache eines wissenschaftlichen Stils bedient?
   • Habe ich Tipps für meinen/e Partner_in?

Inhalt / Thema	
die Grafik / das Bild / der Ausschnitt / die Spalte ...	veranschaulicht, zeigt, illustriert, präsentiert, fasst ... zusammen, beinhaltet, gibt Auskunft über ..., gibt an, bildet ... ab, vergleicht, stellt gegenüber, setzt ... in Relation / ins Verhältnis zu ..., stellt ... dar

Beschreibung / Erklärung	
Herkunft	entstammt, ist von ... herausgegeben / publiziert / veröffentlicht, geht zurück auf, wurde erstellt von ...
die Angaben / die Werte	erfolgen in Prozent / in absoluten Zahlen, bezeichnen, enthalten
in ... / hier ... / darüber	sehen Sie / wir, steht, ist ... vermerkt
die Kurve / der Balken / die Zahlen	steigen (an), fallen (ab), sinken, verringern sich, erhöhen sich, bleiben konstant / unverändert, wachsen, schrumpfen, stagnieren

Interpretation	
in ... / mit ... / durch ...	ist / wird ersichtlich / erkennbar / deutlich / evident
die Tendenzen / die Ergebnisse / die Kurven / die Extreme	bringen ... zum Ausdruck, spiegeln (wider), sagen aus, führen vor Augen, können als Indiz für ... gesehen / gedeutet / gelesen werden, legen die Vermutung nahe, sind Zeichen für ..., sprechen für ...

Grund dafür ist ...; Ich vermute, das liegt an ..., Man kann mutmaßen, dass ...

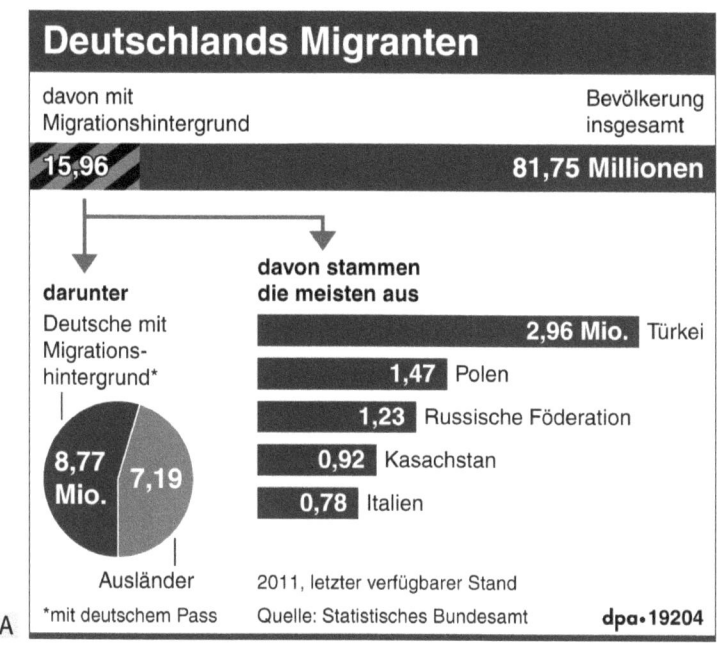

Deutschlands Migranten

davon mit Migrationshintergrund

Bevölkerung insgesamt

15,96

81,75 Millionen

darunter

Deutsche mit Migrationshintergrund*

8,77 Mio. 7,19

Ausländer

*mit deutschem Pass

davon stammen die meisten aus

2,96 Mio.	Türkei
1,47	Polen
1,23	Russische Föderation
0,92	Kasachstan
0,78	Italien

2011, letzter verfügbarer Stand

Quelle: Statistisches Bundesamt

dpa•19204

A

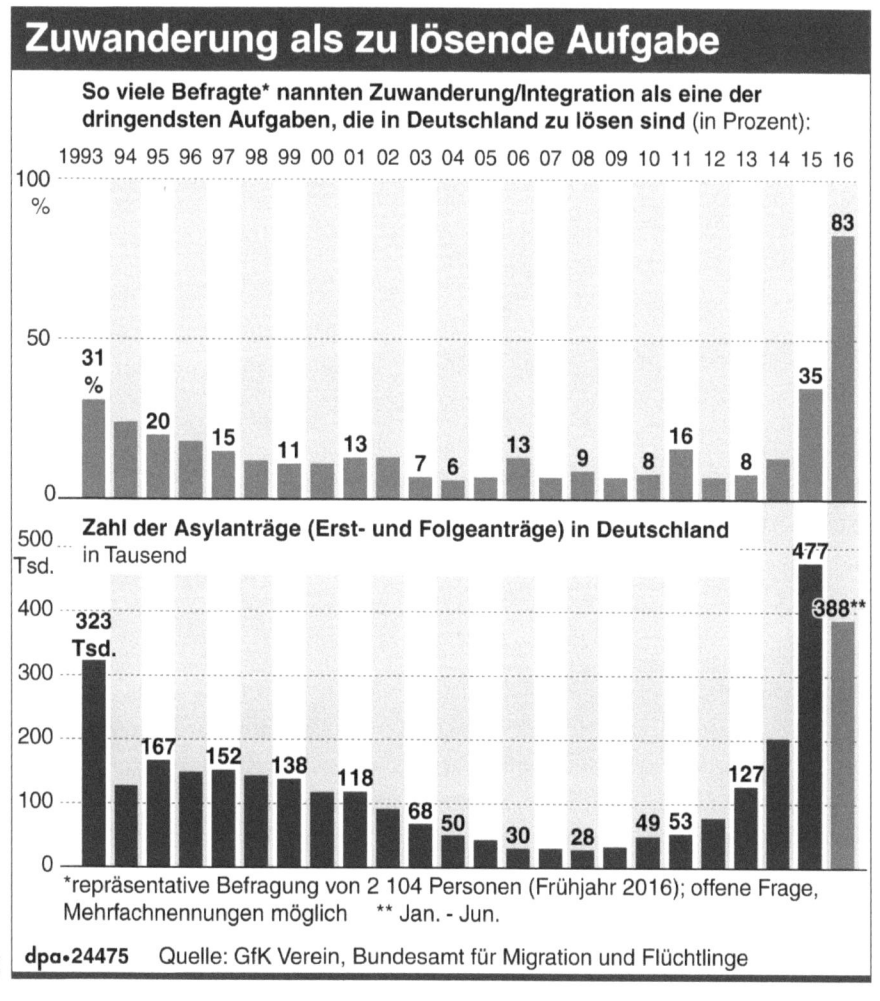

Zuwanderung als zu lösende Aufgabe

So viele Befragte* nannten Zuwanderung/Integration als eine der dringendsten Aufgaben, die in Deutschland zu lösen sind (in Prozent):

1993 94 95 96 97 98 99 00 01 02 03 04 05 06 07 08 09 10 11 12 13 14 15 16

100 %

50

0

31 % 20 15 11 13 7 6 13 9 8 16 8 35 83

Zahl der Asylanträge (Erst- und Folgeanträge) in Deutschland in Tausend

500 Tsd.

400

300

200

100

0

323 Tsd. 167 152 138 118 68 50 30 28 49 53 127 477 388**

*repräsentative Befragung von 2 104 Personen (Frühjahr 2016); offene Frage, Mehrfachnennungen möglich   ** Jan. - Jun.

B   dpa•24475   Quelle: GfK Verein, Bundesamt für Migration und Flüchtlinge

7 Eine Präsentation abschließen

a 👥 **Was kann am Ende einer Präsentation Ihrer Meinung nach alles schiefgehen? Tauschen Sie sich über mögliche „Worst-Case-Szenarios" aus.**

> **// ZEITMANAGEMENT //** Je nach Vortragskontext haben Sie für Ihre Präsentation eine vorgegebene Sprechdauer zur Verfügung. Es kann passieren, dass Sie am Ende der Präsentation in Zeitnot geraten. Inhalte spontan zu kürzen, führt oft zu Überforderung. Hier gilt es, sich schon während der Vorbereitung des Referats einen Plan zurechtzulegen, welche Aspekte Sie eventuell weglassen können. Informieren Sie sich in jedem Fall immer gut, wie viel Zeit Sie zur Verfügung haben und sprechen Sie Ihren Vortrag vorab durch, um die Zeit besser einschätzen zu können. So vermeiden Sie Nervosität, Unsicherheit und peinliche Momente während Ihrer Präsentation.

b **Lesen Sie die folgenden Beispiele von Präsentationsabschlüssen. Welche Unterschiede gibt es? Beziehen Sie die folgenden Kriterien in Ihre Überlegungen mit ein: Formalität, Ausführlichkeit, Überleitung zur Diskussion, Eignung für bestimmte Präsentationstypen.**

1 Damit bin ich am Ende. Ich freue mich, wenn der eine oder andere mir ein paar Impulse bezüglich meiner offenen Fragen mit auf den Weg geben kann. Ansonsten steh ich aber natürlich auch für weitere Fragen zur Verfügung.

2 Ja, das war's von uns. Fragen, Anmerkungen?

3 Abschließen möchte ich in diesem Sinne mit dem wunderbaren Zitat von Nietzsche: „…". Vielen Dank für die Aufmerksamkeit!

4 Hier schließt sich nun der Kreis und wir sind wieder bei meiner anfänglichen These zum Verlauf der sozialen Integration angelangt. Ich fasse zusammen: … Herzlichen Dank.

5 Hier noch die Literatur, die ich verwendet habe. Ich freu mich jetzt auf die Diskussion.

> **// DIE WÜRZE DES ABSCHLUSSES //** Der Abschluss Ihrer Präsentation dient in der Regel dazu, die Aufmerksamkeit des Publikums noch einmal zu schärfen und auf die Diskussion vorzubereiten. Der Zeitpunkt ist ideal, um noch einmal zentrale Thesen oder Ergebnisse zusammenzufassen und einen Bogen zum Beginn zu spannen, an dem Sie Ihre Ziele angekündigt hatten. Wie für die Einleitung einer Präsentation eignen sich auch für den Abschluss kreative Beendigungen. Sie können Ihren Schlussbemerkungen ein wenig „Würze" verleihen, indem sie z. B. zusammenfassende Zitate oder Aphorismen nutzen oder über Bilder weitere Assoziationen anregen.

> // **REDE UND ANTWORT STEHEN** // Nach Präsentationen gibt es normalerweise immer einen Austausch zwischen den Vortragenden und dem Publikum. Während der monologische Teil einer Präsentation im Verantwortungsbereich der Vortragenden liegt und gut vorbereitet werden kann, ist die Diskussion im Anschluss nicht planbar. Es ist möglich, dass nur einige Verständnisfragen gestellt werden. Allerdings ist eine Präsentation auch Teil des akademischen Diskurses und damit Gegenstand der Kritik durch andere Studierende, Lehrende und Wissenschaftler_innen. Man muss folglich damit rechnen, dass auch kritische Fragen gestellt oder Gegenbeispiele genannt werden.

a Lesen Sie die folgenden Fragen / Kommentare aus verschiedenen Vortragsdiskussionen. Ordnen Sie sie den Frage-Kategorien in der Tabelle zu. Manche passen mehrmals.

1 „Ähm mich würd mal interessieren, dieser Unterschied zwischen sozialer Integration und Inklusion, in welchem Verhältnis die zueinander stehen."

2 „Ja, ähm, ich finde das sehr spannend und wie Sie das durch die Grafik verdeutlicht haben. Haben Sie jetzt schon mal versucht Ihre Schlussfolgerungen zu vergleichen mit der Studie von der Sabrina Klein? Die hat ja auch Arzt-Patienten-Kommunikation untersucht."

3 „Was haben Sie denn für Metadaten über die Leser erhoben? Das fänd ich spannend zu wissen."

4 „Ihr habt gesagt, dass ihr euch anschaut, wie binationale Familien zusammenleben, und ich sehe da jetzt so ein Problem, weil ihr ja eigentlich davon ausgeht, dass jeder Partner seine eigene, in sich geschlossene Kultur mitbringt. Und was ihr in den Interviews mit den Familien gar nicht erfragt, sind Mischphänomene, eine Mischidentität. Wenn ich da so an die Studie von Heidrun Schwarz denke, die scheint an der Stelle schon einen Schritt weiter zu sein. Versteht ihr, was ich meine?"

5 „Ja, sehr spannend! Danke auch von mir! Eine Frage aber noch: Welche Rolle spielen die flämischen Dialekte nochmal für belgische Deutschlernende? Das hab ich vorhin nicht richtig verstanden."

6 „Also ich hab ein bisschen Probleme mit dem Begriff Kultur. Braucht man diesen Begriff denn auf diese ganze Migrationsgeschichte bezogen? Äh ist der nicht eher problematisch? Denn wenn ich jetzt anfange von Kultur zu reden, dann hört sich das so fixierend an, irgendwie Grenzen markierend."

Fragen zu Ergebnissen / Auswertung	Fragen mit Bezug auf Forschungsliteratur	Fragen zu Begriffen / Terminologie	Fragen zum methodischen Vorgehen	Verständnisfragen
		1,		

b **Lesen Sie die folgenden Vortragsthemen und notieren Sie, welche inhaltlichen Erwartungen an den jeweiligen Vortrag Sie daraus ableiten könnten.**

1 Der Gebrauch der Modalverben „können" und „müssen" in der gesprochenen deutschen Wissenschaftssprache: Ein Vergleich von deutschen Muttersprachlern und polnischen DaF-Lernern

  Ich erwarte, dass im Vortrag …

2 Grenzüberschreitungen. Aktuelle und historische Perspektiven auf Flucht und Migration in Europa

3 Empirische Untersuchungen zu Textverstehen und -verständlichkeit bei Menschen mit Lese-Recht-
  schreib-Schwäche

c **Blättern Sie zurück zu Abschnitt 5, Aufgabe c dieses Kapitels (❍ S. 80/81). Lesen Sie die
Transkriptausschnitte aus der Präsentation ‚Einleitungen studentischer Vorträge' noch
einmal durch. Formulieren Sie für jede Frage-Kategorie mindestens eine Frage.**

Frage-Kategorien	Meine Fragen
1 Fragen zu Ergebnissen / Auswertung	*Welche musterhaften Formulierungen haben Sie bei der Datenauswertung bisher gefunden?*
2 Fragen mit Bezug auf Forschungsliteratur	
3 Fragen zu Begriffen / Terminologie	
4 Fragen zum methodi-schen Vorgehen	
5 Verständnisfragen	

> **// WENN MAN KEINE ANTWORT HAT... //** Als Vortragende_r muss man damit rechnen, dass man nicht jede Frage aus dem Publikum beantworten kann. Problematisch ist das aber nur dann, wenn die Frage grundlegende Dinge betrifft, die man eigentlich wissen müsste. Ein Beispiel: Hält man ein Referat über Modelle der sozialen Integration, muss man natürlich verstehen, was der Begriff Integration bedeutet. Weiterführende Fragen zum Präsentationsthema sind dagegen oft als Anregung und Denkanstoß gedacht. Es wird nicht erwartet, dass Sie solche Fragen sofort ausführlich beantworten können. Aber man braucht einige Strategien, um die Diskussion weiterführen zu können.

d Ordnen Sie den folgenden Antworten eine oder mehrere der Strategien aus dem Schüttelkasten zu.

1 Dank / Wertschätzung der Frage
2 Eine Frage außerhalb des eigenen Projekts verorten
3 Spätere Beschäftigung mit einer Frage ankündigen
4 Den eigenen Kenntnisstand relativieren
5 Eine Wissenslücke als temporär kennzeichnen
6 Auf den Forschungsstand Bezug nehmen

A „Danke für die Frage. Darauf hab ich momentan noch keine Antwort, aber das müsste man mal weiterverfolgen."

B „Das ist ein guter Gedanke, aber diese methodischen Entscheidungen kann ich jetzt hier nicht so spontan treffen, das muss ich mit meiner Betreuerin entscheiden."

C „Das stimmt, da haben Sie Recht, aber das geht meines Erachtens weit über das Projekt hier hinaus, da müsste man dann auch ..."

D „Meines Wissens ist das Thema so noch nicht weiter erforscht, aber vielleicht hab ich da was übersehen."

E „Soweit ich das beurteilen kann, ist eine Datenerhebung mittels Fragebögen hier nicht sinnvoll."

F „Das ist sehr interessant, was Sie sagen. Ich nehme das gern als Anregung auf, allerdings weiß ich nicht genau, ob das nicht den Rahmen dieser Arbeit sprengt, denn ..."

e Sehen Sie sich die folgenden beiden Ausschnitte aus der Diskussion zu Präsentation 1 ‚Einleitungen studentischer Vorträge' und Präsentation 2 ‚Bedarfe von Integrationskursteilnehmenden' an. Machen Sie sich zu den folgenden Fragen Notizen und besprechen Sie Ihre Beobachtungen im Anschluss.

	Präsentation 1	Präsentation 2
Wonach wird gefragt? Zu welcher Kategorie (siehe Aufgabe a) gehört die Frage?		
Wie reagieren die Vortragenden? Welche Strategien verwenden sie beim Antworten?		
Was macht daraufhin der Fragende?		

9 **Transparenz für den Hörer schaffen**

a Erinnern Sie sich an das kurze Interview mit dem Studenten Mario (● Hörbeispiel 15). Er sagt, „man muss die Zuhörenden bei einer Präsentation mitnehmen". Was könnte er damit gemeint haben? Mit welchen Mitteln könnte man dies erreichen?

‚Die Zuhörenden mitnehmen' bedeutet, ...

Mögliche Ausdrucksmittel:

> // **METAKOMMENTARE** // Damit das Publikum Ihrer Argumentation folgen kann und die Inhalte in der von Ihnen gewünschten Form verarbeitet, müssen Sie stets auf Transparenz Ihres Vorgehens achten. Besonders hörerfreundlich und effektiv gestalten Sie Ihren Vortrag, indem Sie an wichtigen Stellen Ihre sprachlichen Handlungen einordnen und benennen. Ihr Publikum muss so nicht selbst erschließen, was Sie mit einer Aussage beabsichtigen. Man nennt dies ‚Diskurs-' oder ‚Metakommentierung'. Die Kommentare dienen auch zu einer besseren und konsequenten Gliederung Ihrer Präsentation.

b Hören Sie die kurzen Ausschnitte aus verschiedenen Präsentationen an. Notieren Sie die Äußerungen auf einem Blatt Papier oder in Ihrem Heft.

c In den Kästen sehen Sie mögliche Sprachhandlungen, die mit Metakommentaren vollzogen werden können. Ordnen Sie die Beispiele a–j aus Aufgabe b den verschiedenen Kästen zu.

1 auf Daten, Tabellen, Beispiele Bezug nehmen:	**2** etwas zusammenfassen:	**3** das Rederecht abgeben:
4 auf später Folgendes / die Diskussion verweisen:	**5** die folgende Handlung ankündigen: *a)*	**6** Exkurse unternehmen / Peripheres erwähnen:
7 Hörererwartungen wecken / dämpfen:	**8** sich auf bereits Gesagtes beziehen:	**9** etwas ausschließen:

d Ordnen Sie auch die folgenden Kommentare nach ihrer zugrundeliegenden Sprachhandlung in die Gruppen unter Aufgabe c ein.

k   Ich komme zu Punkt 4.
l   Das soll aber heute nicht Thema sein.
m   Ich muss erstmal voranstellen, dass ich eins nicht bedacht hab: …
n   Und damit gebe ich gern an meine Kommilitonin ab.
o   Auf dass ich Ihnen einen hoffentlich spannenden Einblick in unsere Projektarbeit geben darf!
p   Darauf komm ich auch später nochmal zurück.
q   Bis hierhin lässt sich also festhalten: …
r   Ich möchte das mit einer Illustration belegen.
s   Ich hab Ihnen dafür mal einen Ausschnitt aus Grimms „Rotkäppchen" mitgebracht.
t   Eine kurze Bemerkung am Rande: …

Ein wissenschaftliches Poster erstellen und präsentieren

1 Merkmale von Poster und Präsentationssituation

a Haben Sie schon einmal eine Posterpräsentation erlebt oder selbst gehalten? Berichten Sie von Ihren Erfahrungen.

b 👥 Suchen Sie im Internet nach Videos von Posterpräsentationen und sehen Sie sich einige an (mögliche Suchbegriffe: Posterpräsentation, poster session, Forschungsprojekt, Konferenz). Überlegen Sie gemeinsam: Wodurch unterscheiden sich Posterpräsentation und Referat / Vortrag voneinander? Die folgenden Stichwörter helfen Ihnen dabei: Visualisierung, Präsentationsweise, Interaktivität.

c Lesen Sie den Ausschnitt aus dem Artikel von Klemm (2012) und notieren Sie in der Tabelle, was der Autor zu den Stichwörtern sagt. Welche weiteren Merkmale von Posterpräsentationen nennt er?

Posterpräsentationen im Fremdsprachen-unterricht

ALBRECHT KLEMM

Welche Vorteile haben Posterpräsentationen?

Eine Posterpräsentation ist eine besondere Form der mündlichen Präsentation, bei der das mündlich Vorgetragene visuell durch ein großformatiges Poster unterstützt wird. Eine Posterpräsentation unterscheidet sich in einigen Punkten grundlegend von Vorträgen und Referaten mit Visualisierungen:

- Im Gegensatz zu PowerPoint-Folien und ähnlichen Visualisierungshilfen finden sich auf einem Poster nicht nur einzelne Teile der Präsentation wieder, sondern der gesamte Inhalt des Vortrags. Dadurch lassen sich für Zuhörende viel schneller Bezüge zwischen den einzelnen Punkten des Vortrags herstellen.

- Durch die umfassenden Visualisierungsmöglichkeiten eignen sich Poster für eine ganze Bandbreite von Themen auf unterschiedlichsten Niveaustufen [des Fremdsprachenlernens]. Bereits auf dem Niveau A1 des Gemeinsamen europäischen Referenzrahmens (GeR) lassen sich etwa familiäre Beziehungen bei der Vorstellung der eigenen Familie durch Organigramme sehr gut illustrieren. Poster sind jedoch auch für die Darstellung komplexer Sachverhalte auf höheren Lernniveaus sehr gut geeignet. Die für das Niveau C2 beschriebene Kompetenz, verschiedene Quellen in einer zusammenhängenden Darstellung mündlich zusammenzufassen und erklären zu können, kann mithilfe der visuellen Unterstützung des Posters geübt und schrittweise aufgebaut werden.

- Poster können aufgrund ihrer Größe nur von wenigen Personen gleichzeitig betrachtet werden. Um trotzdem einem breiten Publikum eine große Anzahl an Postern zugänglich zu machen, finden Posterpräsentationen meist parallel zueinander statt. Man findet sich in kleinen Gruppen vor einem Poster zusammen, verfolgt die Präsentation und wechselt dann nach eigenem Ermessen zum nächsten Poster. Diese dynamische, abwechslungsreiche und stärker an den Interessen der Zuhörenden orientierte Vortragsweise weist Zuhörenden eine aktivere Rolle zu. Dadurch entsteht eine ungezwungene Atmosphäre, die zudem den Abbau von Sprechängsten unterstützt – sowohl bei den Vortragenden als auch bei den Zuhörenden, die leichter Rückfragen zu den Inhalten des Poster stellen und aktiv an der Diskussion teilnehmen können.

- Posterpräsentationen fördern die Interaktion zwischen dem Vortragenden und den Zuhörenden. Das Poster wird vom Vortragenden zunächst kurz erläutert und dann zur Diskussion freigegeben. Durch die ständig wechselnden Zuhörer entstehen immer wieder neue Fragen, denen sich die Präsentierenden stellen müssen.

(aus: Klemm 2012, S. 24)

Visualisierung   **Interaktivität**

Präsentationsweise   **Weitere Merkmale**

Ein eigenes Projekt visualisieren

a Ein wissenschaftliches Projekt – egal ob Masterarbeit, Dissertation oder internationale Studie – läuft in bestimmten Phasen ab bzw. umfasst bestimmte standardisierte Aufgaben und Schritte. Ordnen Sie die Forschungsschritte bzw. -phasen im Schüttelkasten ihren Definitionen zu.

> Forschungsstand • Methode • Ausblick • Ergebnisdiskussion • Fragestellung • Desiderat • Datenerhebung

1 Erfassung des zu untersuchenden Materials (Texte, Interviews, Fragebögen usw.): _____

2 Wissenslücke, die durch die Studie gefüllt werden soll: _____

3 Darstellung und Analyse der Forschungsresultate, inkl. einer Antwort auf die Fragestellung:

_____

4 Überlegungen zu Anschlussfragen bzw. Folgeprojekten, die sich aus einer Studie ergeben:

_____

5 Überblick über die vorhandene Forschungsliteratur: _____

6 Darstellung des Weges, auf dem die Ergebnisse gewonnen wurden, z. B. bei der Datenerhebung:

_____

7 Konkrete Frage, die beantwortet werden soll: _____

b Der Ablauf wissenschaftlichen Forschens wird häufig als Kreislauf dargestellt. Überlegen Sie, in welche sinnvolle Abfolge im Forschungskreislauf sich die Schritte aus Aufgabe a bringen lassen. Beginnen Sie im oberen Feld. Tauschen Sie sich anschließend über Ihre Ergebnisse aus.

1.

2.

Forschungskreislauf

c Auf dem folgenden Poster stellt ein Student das empirische Forschungsprojekt zu seiner Masterarbeit vor. Vergleichen Sie seine Darstellung des Forschungsprozesses mit den Schritten des Forschungskreislaufs. (Das Poster ist im Original auf allango zu finden.)

Wahrnehmung und Umsetzung mündlicher Korrektur von grammatischen Fehlern bei ägyptischen Deutschlernenden im universitären Kontext

Fragestellung

Inwiefern hängen Wahrnehmung und Umsetzung der mündlichen Korrektur von grammatischen Fehlern bei ägyptischen Deutschlernenden vom Korrekturtyp ab?

Forschungsstand

- Lochtman (2003) unterscheidet zwischen zwei Korrekturverhalten des Lehrers, nämlich lehrerseitige Korrektur und Aufforderungen zu Selbstkorrekturen.

- Die Aufforderung zur Selbstkorrektur lässt sich nach Kleppin (1998) in verbale und nonverbale Aufforderung unterteilen.

- Mündliche Korrekturen können lernfördernd wirken, wenn sie bewusstmachend sind (Blex 2001).

- Long (1996) meint, dass Feedback nur lernfördernd sein kann, wenn es in richtige bzw. authentische Kommunikation eingebettet ist.

- Schweckendiek (2008) sieht in der lehrerseitigen indirekten Korrektur eine günstige und elegante Art des Korrigierens, „da sie auf der inhaltlichen Ebene erfolgt und die kommunikative Intension des Sprechers nicht erstickt".

Begriffsklärung

Als **Fehler** werden Abweichungen von den geltenden Normen und Verstöße gegen die sprachliche Richtigkeit und Angemessenheit bezeichnet (Barkowski 2010).

Mit dem Begriff **Korrektur** wird die Reaktion der Lehrkraft auf eine fehlerhafte sprachliche Äußerung bezeichnet (Königs 2007).

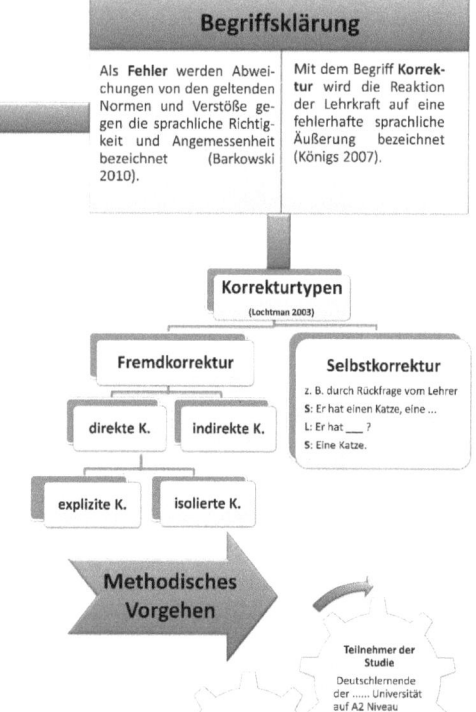

Korrekturtypen
(Lochtman 2003)

Fremdkorrektur
— direkte K.
— indirekte K.
— explizite K.
— isolierte K.

Selbstkorrektur
z. B. durch Rückfrage vom Lehrer
S: Er hat einen Katze, eine …
L: Er hat ____ ?
S: Eine Katze.

Methodisches Vorgehen

Teilnehmer der Studie
Deutschlernende der …… Universität auf A2 Niveau

Datenerhebung
• Videoaufnahmen
• Fragebögen

Datenauswertung
• Beobachtung der Lernerreaktion und Transkription der relevanten Passagen
• Auswertung der Fragebögen

Forschungsinteresse

Die bisherigen Untersuchungen zu diesem Thema haben sich mit Fragen beschäftigt wie z. B. Wer korrigiert was wann und wie? Es wurde bis jetzt kaum geforscht, in welchem Zusammenhang die Wahrnehmung und die Umsetzung der mündlichen Fehlerkorrektur mit dem Korrekturtyp stehen.

Hypothese: Die mündliche Korrektur von grammatischen Fehlern wird je nach Korrekturtyp unterschiedlich wahrgenommen und umgesetzt.

d Suchen Sie die Antworten auf die folgenden Fragen auf dem Poster und machen Sie sich Notizen.

1. Was soll untersucht werden?
   In dem Projekt soll untersucht werden, …

2. Was ist bisher zu diesem Thema bekannt?

3. Worin besteht das Forschungsdesiderat?

4. Wie soll die Untersuchung methodisch ablaufen?

e Fassen Sie das Forschungsvorhaben des Studenten kurz mündlich zusammen.

f Notieren Sie Fragen zum Projekt, die sich durch die Beschäftigung mit dem Poster bei Ihnen ergeben haben.

Fragen zum Poster:

1. _____

2. _____

g Beurteilen Sie das Poster nach den folgenden formalen Kriterien: Gliederung / Aufbau, Abbildungen und Logos, Farbgestaltung, Visualisierung von Prozessen und Zusammenhängen, Text-Bild-Verhältnis, Schriftart und -größe, sprachliche Umsetzung und Orthographie. Begründen Sie Ihre Beurteilungen.

▶ 28 **a** **Sehen Sie sich den monologischen Teil der Posterpräsentation an. Betrachten Sie dabei das Poster und vollziehen Sie die Schritte des Referenten nach.**

b **Sehen Sie sich das Video noch einmal an und achten Sie nun auf den Referenten. Wie verhält er sich? Beurteilen Sie die non-verbale Gestaltung der Präsentation (Gestik, Mimik, Blickkontakt).**

> **// ORIENTIERUNG DER ZUHÖRENDEN //** Vortragende stellen mithilfe von verschiedenen Verfahren sicher, dass das Publikum ihnen folgen kann, das heißt, dass die Zuhörenden immer gut „orientiert" sind. Zu diesen Verfahren der Hörer-Orientierung gehören zum Beispiel die Metakommentare (z. B. *wie ich vorhin schon gesagt habe*) (❍ S. 92), Gliederungssignale (z. B. *so, gut, genau*) und – im Falle von Posterpräsentationen – auch Zeigegesten und sprachliche Verweise auf bestimmte Stellen auf dem Poster (z. B. *Das hab ich hier so aufgeteilt, weil … Unten links sehen Sie …*). Oft werden diese Verfahren auch kombiniert.

c **Ordnen Sie die Verfahren der Hörer-Orientierung aus dem Schüttelkasten mithilfe der Beispiele der richtigen Spalte zu. Schauen Sie sich dann das Video ein drittes Mal an und notieren Sie weitere passende Beispiele, mit denen der Referent seine Zuhörenden orientiert.**

[Kommentierungen des eigenen Handelns (Metakommentare) • Gliederungssignale • Sprachliche Verweise auf das Poster]

So, mündliche Korrektur im …	Zu diesem Thema hab ich dieses Poster erstellt.	Bis jetzt hab ich mehrmals von … gesprochen.

▶ 29a–d **d** Sie haben bereits einige Typen von Fragen und Kommentaren in Diskussionen kennengelernt (❍ S. 89). Häufig fragen Zuhörende zu zentralen Begriffen, Projektergebnissen und methodischen Verfahren nach. Auch Verständnisfragen und Verweise auf die Forschungsliteratur sind frequent. Sehen Sie sich die folgenden Fragen und Kommentare zur Posterpräsentation an. Mit welchem Ziel wird hier gefragt?

	Notizen zur Frage	Ziel von Frage/Kommentar
a		
b		
c		
d		

e Welche Fragen an den Referenten haben Sie in Aufgabe 2f notiert? Was wäre das Ziel Ihrer Fragen gewesen?

f Sie haben in Kap. C auch einige Strategien kennengelernt, die beim Antworten auf Diskussionsfragen nützlich sind (❍ S. 91). Blättern Sie zurück und lesen Sie sich diese Strategien noch einmal durch.

▶ 30a, b Sehen Sie sich zwei Ausschnitte aus Aufgabe d noch einmal in einer längeren Version an. Machen Sie sich in der Tabelle Notizen und besprechen Sie im Anschluss Ihre Beobachtungen.

	Ausschnitt 1	Ausschnitt 2
Was antwortet der Vortragende? Wie reagiert er? Verwendet er eine der Strategien beim Antworten?		

4 Die sprachliche Gestaltung von Postern

a **Jedes wissenschaftliche Poster benötigt einen Titel. Lesen Sie sich die folgenden Postertitel durch. Welche beiden sprachlichen Varianten der Titelgestaltung finden Sie hier?**

Wie sind fremdkulturelle Begegnungen in den Kurzgeschichten von Yoko Tawada repräsentiert?

1

SPRACHLICHE FÖRDERUNG BEI MIGRANTENKINDERN IM KINDERGARTENALTER

2

Transdisziplinäres Lernen in Wikis

3

Wie hoch ist der Product Carbon Footprint (PCF) von Gartenbauprodukten auf Konsumentenseite?

4

SOZIALE UNGLEICHHEITEN AUF KOMMUNALER EBENE AM BEISPIEL DER NUTZUNG ÖFFENTLICHER RÄUME

5

Was lernen Studierende in Praktika?
Überlegungen zur Qualitätsentwicklung am Beispiel eines Forschungsprojektes zur Wirksamkeit von Praxisphasen

6

Variante 1: _____

Variante 2: _____

b **Formulieren Sie drei der Postertitel in die jeweils andere Variante um.**

Wie sind fremdkulturelle Begegnungen in den Kurzgeschichten von Yoko Tawada repräsentiert?	→	Die Repräsentation fremdkultureller Begegnungen in den Kurzgeschichten von Yoko Tawada
	→	
	→	
	→	

c Wenn Sie selbst ein Poster präsentieren, müssen Sie beim Sprechen die komprimierte Darstellung auf dem Poster ins Mündliche bringen. Dabei müssen Sie Nominalgruppen verbal auflösen. Üben Sie diese Transformation von Nominalstil in Verbalstil anhand der folgenden Posterausschnitte.

Beispiel: *sprachliche Förderung* → *sprachlich fördern*

SPRACHLICHE FÖRDERUNG
BEI MIGRANTENKINDERN IM KINDERGARTENALTER

Auf meinem Poster behandle ich die Frage, wie Migrantenkinder im Kindergartenalter sprachlich gefördert werden können.

Die Einleitung im wissenschaftlichen Artikel und wissenschaftlichen Vortrag im Sprachvergleich Deutsch–Spanisch

Aufbau der Einleitung nach Thielmann 1999

1. Genereller Überblick
2. Begründung der Themenwahl
3. Konkrete Fragestellung

Datenauswertung
- Beobachtung der Lernerreaktion und Transkription der relevanten Passagen
- Auswertung der Fragebögen

---

5 **Poster-Karaoke**

a 👥 Sie haben vielleicht schon einmal etwas von PowerPoint-Karaoke gehört. Dabei hält man ein Referat anhand einer Folie, die man nicht selbst erstellt hat und die man noch nicht kennt. Suchen Sie im Internet ein wissenschaftliches Poster für ein „Poster-Karaoke". Das Poster drucken Sie aus oder bringen es in elektronischer Form mit und geben es Ihrem Partner bzw. Ihrer Partnerin, der / die es dann vorstellen muss.

TABUFRAGE

> Muss ich mich denn tatsächlich zum Clown
> vor der Kulisse des Wissenschaftstheaters machen und
> Experten imitieren können, wenn ich doch meinen
> Abschluss nur brauche, um einen gut bezahlten Arbeits-
> platz zu finden, der dies so überhaupt nicht fordert?
> Was lerne ich denn durch Präsentationen? Außer der
> Tatsache, dass ich nicht dafür gemacht bin, im Mittel-
> punkt zu stehen und so zu tun, als wüsste ich
> etwas besser als andere …

TEST

a Bringen Sie die Aussagen in eine logische Reihenfolge, wie sie in einer Präsentation auftreten könnten.

☐ Thema soll die Internationalisierung von Hochschulen sein.

☐ Ich habe die Absolventenstatistiken ausgewertet und vereinzelt Interviews mit Studiengangsverantwortlichen und den Absolventen selbst geführt.

☐ *1* Ich freue mich, dass ich heut in diesem Rahmen mein Projekt vorstellen darf.

☐ Meine Hypothese ist, dass Absolventen englischsprachiger Studiengänge viel häufiger ins Ausland abwandern, um zu promovieren.

☐ Konkret will ich mich mit der Frage auseinandersetzen, welche Auswirkung das Studium in internationalen Studiengängen und damit der Gebrauch des Englischen als Wissenschaftssprache auf die weitere akademische Laufbahn der Absolventen hat.

☐ Aus Grafik 2 ist ersichtlich, dass 60 % der Absolventen, die nach dem Studium an einer Hochschule mit Doktorandenstellen beschäftigt waren, dies nach wie vor in Deutschland waren.

☐ Die Interviews haben allerdings gezeigt, dass ein nicht geringer Teil, nämlich knapp drei Viertel der Befragten zumindest für die Zeit nach der Promotion eine Beschäftigung an ausländischen Hochschulen aufnehmen möchte.

☐ Ich bedanke mich für die Aufmerksamkeit und stehe Ihnen jetzt gern für Fragen zur Verfügung.

☐ Die Hypothese hat sich damit nicht bestätigt.

☐ Ein detaillierterer Blick in die Bedingungen von Promovenden an ausländischen Hochschulen könnte dazu beitragen, die Ursachen für die Ergebnisse zu beleuchten und ist damit ein dringendes Desiderat. Denn schließlich kann in internationalen Studiengängen auch für die gegenwärtige Praxis schon eine bessere Grundlage geschaffen werden für diejenigen, die den Wunsch verfolgen, im Ausland zu promovieren.

☐ Grund dafür können erschwerte Bedingungen bei der Finanzierung einer Promotion an ausländischen Hochschulen sein.

b Bilden Sie korrekte Kollokationen, indem Sie die Verben den Nomen zuordnen und einen Beispielsatz bilden (Mehrfachzuordnungen möglich).

> aufstellen • formulieren • sich stellen • bearbeiten • aufzeigen • erarbeiten • referieren • anführen • definieren • aufgreifen • sich zuwenden • sich annähern • benennen • beleuchten

1 Frage _____

2 Hypothese _____

3 Kritik _____

4 Text _____

5 Perspektive _____

6 Forschungsstand _____

7 Beispiel _____

8 Begriff _____

9 Thema _____

10 Gliederungspunkt _____

11 Definition _____

12 Forschungslücke _____

PROJEKT

Erarbeiten Sie ein wissenschaftliches Poster und stellen Sie es in Ihrer Lerngruppe vor. Mögliche Themen:

1 Das Thema, zu dem Sie in Aufgabe g auf S. 64 bereits ein Abstract verfasst haben.
2 Das in Kap. B behandelte Thema der Migration / sozialen Integration.
3 Das in diesem Kapitel behandelte Thema „Leichte Sprache".

D

Ziele, Phasen und Handlungen in Sprechstundengesprächen kennenlernen und üben //
Gespräche mit Lehrenden strategisch vorbereiten // verschiedene Prüfungstypen
unterscheiden // Prüfungsfragen richtig verstehen und beantworten

// SPRECHSTUNDE, MÜNDLICHE PRÜFUNG //

Einzelgespräche mit Lehrenden führen

- Sehen Sie sich das Bild an. Welche individuellen Gespräche haben Sie bereits mit Dozentinnen und Dozenten an einer Hochschule geführt?
- Berichten Sie von einem Gespräch: Wozu diente es? Worüber haben Sie gesprochen? Wie lange? Wie haben Sie sich vorbereitet? Waren Sie zufrieden mit dem Ergebnis? Was würden Sie beim nächsten Gespräch dieser Art anders machen?

Das Sprechstundengespräch

1 **Sprechstunden an deutschen Hochschulen**

a Sehen Sie sich die Bilder an. Welchen Zweck haben Aushänge dieser Art? Wo findet man sie an der Hochschule?

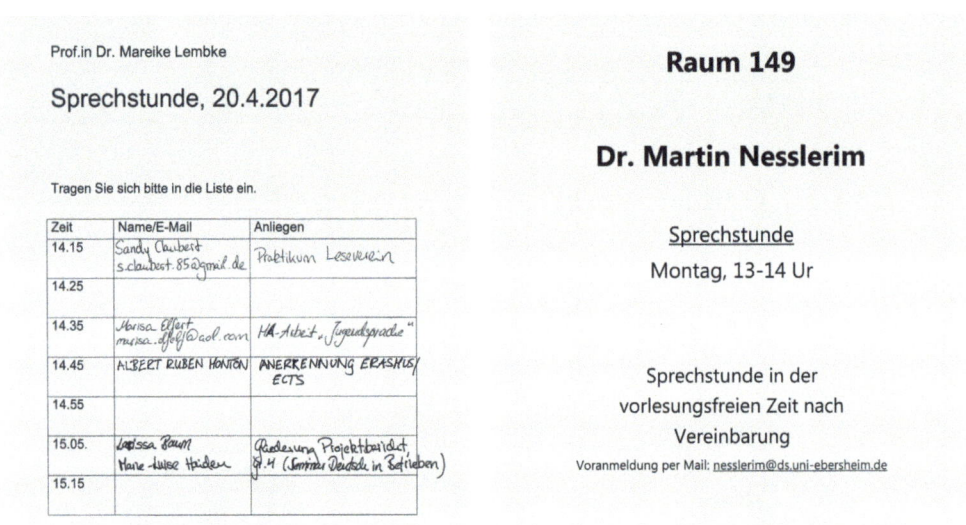

Prof.in Dr. Mareike Lembke

Sprechstunde, 20.4.2017

Tragen Sie sich bitte in die Liste ein.

Zeit	Name/E-Mail	Anliegen
14.15	Sandy Claubert s.claubert.85@gmail.de	Praktikum Leseverein
14.25		
14.35	Marisa Elfert marisa.elfe@aol.com	HA-Arbeit „Jugendsprache"
14.45	ALBERT RUBEN HONTON	ANERKENNUNG ERASMUS/ ECTS
14.55		
15.05.	Larissa Baum Marie-Luise Haiden	Gliederung Projektbericht, § 4 (Seminar Deutsch in Betrieben)
15.15		

Raum 149

Dr. Martin Nesslerim

Sprechstunde
Montag, 13-14 Ur

Sprechstunde in der vorlesungsfreien Zeit nach Vereinbarung

Voranmeldung per Mail: nesslerim@ds.uni-ebersheim.de

b 👥 Sprechstundengespräche kommen auf unterschiedlichem Weg zustande. Welche Vor- und Nachteile haben die unten genannten Möglichkeiten für Studierende und Lehrende? Wie läuft das bei Ihnen im Studium normalerweise ab?

> Besuch einer Sprechstunde

… nach Absprache in einer der Lehrveranstaltungen
… nach Voranmeldung per Mail
… mit Eintrag in eine Warteliste
… nach Warten in der Schlange
… spontan, wenn der / die Lehrende anwesend ist

c Aus welchen Gründen besuchen Studierende Sprechstunden von Lehrenden? Formulieren Sie je zwei mögliche Anliegen zu den folgenden Themen.

Hausarbeit / Seminararbeit	Prüfung	Seminarinhalte
Textlektüre	Gruppenarbeit	Arbeitsformen und Anforderungen in Lehrveranstaltungen

d 👥 Diskutieren Sie die Angemessenheit Ihrer Anliegen aus Aufgabe c für einen Sprechstundenbesuch. Schlagen Sie ggf. Alternativen zur Lösung des Problems außerhalb einer Sprechstunde vor.

⏵ 31   **e Hören Sie den ersten Teil des Interviews mit Professor Franzen. Was schätzt er an Sprechstunden (☺) und was stört ihn manchmal (☹) daran? Machen Sie sich Notizen.**

☺	☹

⏵ 32   **f Hören Sie den zweiten Teil des Interviews. Notieren Sie sich die Wünsche, die Professor Franzen an die Studierenden hat.**

Wünsche:

g 🧑‍🤝‍🧑 **Notieren Sie die spezifischen Rollen, Kompetenzen, Handlungen und Erwartungen von Lehrenden (links) und Studierenden (rechts) in einem Sprechstundengespräch. Diskutieren Sie Ihre Zuordnung.**

– Expertise im Fach

– Berater_in

–

– bereiten konkrete Frage und evtl. Beispiele zur Erklärung vor

– suchen Lösung für Problem

–

// SPRECHSTUNDEN AN DEUTSCHEN HOCHSCHULEN // Was genau ist eine Sprechstunde und wie läuft sie ab? Das kann sehr unterschiedlich sein, je nach Land, Fach oder den Lehrenden. Während es manchmal üblich ist, Termine zu vereinbaren oder Anliegen vorher zu kommunizieren, bevorzugen es andere Lehrende, ohne Terminvorgabe Sprechstunden abzuhalten. Ähnlich uneinheitlich ist es mit den Anliegen. An manchen Hochschulen oder bei manchen Lehrenden kann man – gerade am Studienanfang – auch mit Detailfragen in die Sprechstunde gehen, Themen für Hausarbeiten vereinbaren oder nach nützlicher Literatur fragen. In anderen Kontexten und in späteren Studienphasen wird mehr Eigeninitiative und Vorbereitung der Studierenden erwartet. Erkundigen Sie sich hier nach den Erfahrungen anderer Kommiliton_innen oder sprechen Sie Lehrende offen auf ihre Erwartungen an.

2 Das Sprechstundengespräch vorbereiten

> **// VOR, WÄHREND UND NACH DEM GESPRÄCH //** Ein erfolgreiches Sprechstunden-
> gespräch beinhaltet mehr als den Besuch im Büro des / der Lehrenden. Vor dem eigentlichen Termin
> bereiten Sie sich gezielt darauf vor und auch nach der Sprechstunde bearbeiten Sie mit den neuen
> Impulsen weiter Ihr Anliegen. Das Gespräch selbst ist von verschiedenen Phasen gekennzeichnet
> (Einstieg, Problembearbeitung, Abschluss), die Sie mit einer guten Vorbereitung besser steuern kön-
> nen, um effektiv zu einer Lösung Ihres Problems zu finden.

▶ 33 **a** **Hören Sie einen Podcast aus dem Projekt studentstories.de der Universität Augsburg
zum Thema Sprechstundengespräche mit Lehrenden. Notieren Sie sich, welche Tipps
Ann-Sophie ihrer Kommilitonin Julia gibt. Ergänzen Sie weitere Ratschläge.**

Vor dem Gespräch:
— *Fragen überlegen*
—

Während des Gesprächs:
—
—
—

b **Lesen Sie, welche Hinweise zur Vorbereitung auf ein Sprechstundengespräch Frau
Prof. Schwarz ihren Studierenden gibt. Vervollständigen Sie die Leerstellen im Text
mit den Fragen aus dem Kasten (Mehrfachzuordnung möglich). Überlegen Sie, welche
weiteren Fragen hilfreich sind.**

1 Wo kann ich außerhalb der Sprechstunde
Lösungen für mein Problem finden?

2 Wer kann mir bei meinem Anliegen behilflich
sein?

3 Was will ich erreichen?

4 Ist der / die jeweilige Lehrende überhaupt der /
die richtige Ansprechpartner_in?

5 Kann ich mein Anliegen in Detailfragen
gliedern?

6 Welche Fragen könnte die Lehrperson mir
stellen?

7 Was ist mein Ziel?

Das Wichtigste ist, dass man sich bewusst darüber ist: __7__ , also: _____ Geht
es zum Beispiel darum, dass ich mir ein Feedback zu meinen bisherigen
Überlegungen zur Bachelorarbeit einholen will? Dass ich nach einschlägiger
Literatur zu einem Thema suche? Dass mir unklar ist, was Anforderungen in
einer Prüfung sind? Und so weiter. Ich habe ein konkretes Problem, das ich
lösen will. Bevor ich damit zu einer Lehrperson gehe, muss ich mich mehrerer
Dinge vergewissern:
Erstens: _____ Schließlich will ich weder mir noch der Lehrperson Zeit rauben,
wenn diese sich mit meinem Anliegen gar nicht auskennt oder keine Erfahrungen damit hat. Grund-
sätzlich muss man sich natürlich immer fragen: _____ Manchmal sind dies gar nicht zwingend Lehrende, sondern auch andere Kommiliton_innen, die Fachschaft oder die Internetseite des Instituts
können ebenso nützliche Informationen geben.

Das bringt mich zu zweitens: _____ Es kommt natürlich auf das Problem an, aber ich sollte doch versuchen, erst andere Lösungswege zu finden. Wenn das Problem nach einer eigenen Recherche noch nicht gelöst ist oder nur die Lehrperson eine Antwort darauf haben kann, dann – klar – werde ich mich an sie wenden.

Dann drittens, das hängt auch mit der Recherche vorab zusammen: _____ Wenn mein Anliegen sehr komplex ist, muss ich versuchen, es vorher so gut wie möglich schon zu ergründen, damit die Lösungsfindung mit der oder dem Lehrenden so effizient wie möglich ist. Eine Prioritätenliste mit Einzelfragen bzw. eine logische Reihenfolge ist dabei immer gut.

Viertens: Man sollte sich auch Gedanken darüber machen: _____ Auf diese muss man vorbereitet sein, man muss also entsprechend im Thema stecken, zeigen, dass man informiert ist. Wenn ich nicht auf alle Rückfragen eine Antwort habe, ist das aber auch nicht schlimm. Letztlich helfen mir diese auch zu sehen, wo ich selbst noch Leerstellen füllen muss, was ich selbst noch nicht bedacht habe. Manche solcher Fragen können dann sogar schon die Antwort auf meine eigentliche Frage sein […].

c 👥 **Erstellen Sie zu einem der folgenden Anliegen eine Checkliste zur Vorbereitung auf die Sprechstunde: Was müssen Sie vorher tun, um mit dem / der Lehrenden zu einer schnellen und guten Lösung des Problems zu kommen?**

Anliegen A: Sie sind mit Ihrer Hausarbeit zum Thema „Migration und Integration" ziemlich weit vorangeschritten, haben mit den Literaturtipps Ihres Dozenten bzw. Ihrer Dozentin einen Forschungsstand erarbeitet und eine Forschungsfrage formuliert. Sie möchten nun gern ein Feedback über Ihre bisherige Arbeit einholen, Ihr weiteres Vorgehen besprechen und auch noch einige Fragen zu den Formalia stellen.

Anliegen B: Sie und einige Ihrer Kommiliton_innen fühlen sich in der Lehrveranstaltung der / des Lehrenden stark überfordert, verstehen Aufgabenstellungen und die Ziele der Lernaktivitäten manchmal nicht. Sie möchten dem / der Lehrenden mitteilen, dass das Ihren Lernprozess behindert, und gemeinsam nach Lösungen für dieses Problem suchen.

d 👥 **Überprüfen Sie Ihre Checkliste: Diskutieren Sie, welche Strategien und Hilfsmittel aus dem Schüttelkasten noch hilfreich sein könnten. Ergänzen Sie diese gegebenenfalls.**

Stichpunkte notieren • das Anliegen per Mail ankündigen • Materialien mitbringen • Kalender mitnehmen • Atemtraining • Ziele festhalten • Vorschläge vorbereiten • Gespräche „üben" mit Bekannten • Notizen aus Seminar oder meinen Recherchen nochmal anschauen • Beispiele zurechtlegen

// **VORBEREITUNG** // In Sprechstunden haben Sie in der Regel nur ein sehr enges Zeitfenster, um Ihr Anliegen zu besprechen. Sie sollten deshalb das Gespräch möglichst gut vorbereiten und „vorentlasten", Ihr Problem eventuell im Vorhinein schon kurz skizzieren (per Mail, in einer der Lehrveranstaltungen). Meistens ist es sinnvoll, Lehrenden die Dokumente zur Verfügung zu stellen, über die Sie in der Sprechstunde diskutieren wollen (z. B. Inhaltsverzeichnis einer Hausarbeit, Exposé, Thesenpapier). Achten Sie darauf, auch in der Vorkommunikation schon ein kompetentes und professionelles Bild von sich zu schaffen. Das fängt bereits bei der Wahl Ihrer Mailadresse an: schnuckisternchen92@maily.de wird einen anderen Eindruck bei Lehrenden hervorrufen als sabrine.clauss@uni-berlin.de (zur Mailkommunikation ❸ Band 1, Kap. A, S. 30 ff.).

a **Ordnen Sie die sprachlichen Handlungen aus dem Schüttelkasten in der Reihenfolge in das Schema ein, in der sie in einer Sprechstunde vorkommen könnten (Mehrfachzuordnung möglich). Welche Person macht was? Notieren Sie jeweils das Kürzel dahinter (L = Lehrende_r, S = Student_in, B = beide).**

> Ergebnisse festhalten • ~~einen Platz anbieten~~ • Anliegen formulieren • nachfragen •
> sich verabschieden • zusammenfassen • Tipps geben • ~~Verständnis sichern~~ •
> sich vorstellen • einen neuen Termin vereinbaren • paraphrasieren / umformulieren •
> begrüßen • Lösungen vorschlagen • Lösungen bewerten • ~~Anliegen / Problem erläutern~~ •
> danken

einen Platz anbieten (L)   Anliegen/Problem erläutern (S)

Verständnis sichern (B)

Einstieg   Problembearbeitung   Abschluss

b **Welche weiteren Handlungen könnten Sie sich in den einzelnen Phasen vorstellen? Ergänzen Sie sie im Schema.**

> **// EINSTIEGSPHASE //** Der Einstieg in das Sprechstundengespräch ist in der Regel relativ musterhaft. Nach der Begrüßung stellt man sich meist kurz vor oder erinnert die Lehrperson, wie der Kontakt zustande kam (im Seminar, per Mail usw.). Wenn man sich noch nicht kennt, ist diese Einordnung notwendig. Auch wenn es Ihren Lehrenden gerade zu Beginn natürlich wichtig ist, eine angenehme und vertrauensvolle Atmosphäre zu schaffen, dürfen Sie nicht mit Smalltalk rechnen. Sie werden relativ schnell Ihr eigentliches Anliegen präzise und mit allen notwendigen Informationen darlegen müssen. Der Beginn eines Sprechstundengesprächs ist dennoch meist etwas informeller als die darauffolgende Phase der Problembearbeitung.

c 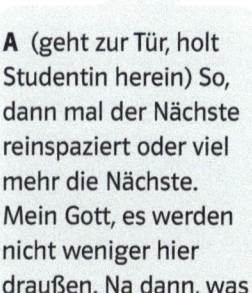 **Lesen Sie die vier Beispiele eines Einstiegs in eine Sprechstunde. Tauschen Sie sich über die folgenden Fragen aus.**

1 Welches Beispiel erscheint Ihnen besonders typisch?
2 Welche Reaktionen und Emotionen könnten diese Einstiege bei den Studierenden auslösen?
3 Was erachten Sie als gut und was als problematisch? Warum?

C Ah, hallo Frau Böttcher. Und, was macht die Bachelorarbeit?

A (geht zur Tür, holt Studentin herein) So, dann mal der Nächste reinspaziert oder viel mehr die Nächste. Mein Gott, es werden nicht weniger hier draußen. Na dann, was haben Sie denn für'n Problem?

B Kommen Sie ruhig schon rein, ich schreib nur noch schnell zu Ende hier. Sie können gern schon erzählen, worum's geht. Sie kommen aus welchem Kurs?

D Hallo, nehmen Sie gern Platz. Wir haben hier auch Tee und Kekse, können Sie sich gern was nehmen. Sie kommen mir noch gar nicht bekannt vor. Sind Sie in einem meiner Seminare? (Studentin: Ja, in der Morphologie.) Ah ja, da hab ich schlecht einen Überblick, der ist so voll wie seit Jahren nicht mehr, der Kurs. Okay, also sind Sie ganz neu im Studium auch, ne? Sind Sie zufrieden soweit? (Studentin nickt.) Na super, und was führt Sie denn zu mir heute?

34a, b, c **d Hören Sie sich drei Einstiegsphasen aus Sprechstundengesprächen an. Notieren Sie, worum es im Sprechstundengespräch jeweils gehen soll und was das Ziel der Studierenden sein könnte.**

	Sprechstunde 1	Sprechstunde 2	Sprechstunde 3
Thema:			
Ziel(e):			

e Welche(s) der drei Beispiele finden Sie besonders gut gelungen, welche(s) weniger? Begründen Sie.

f 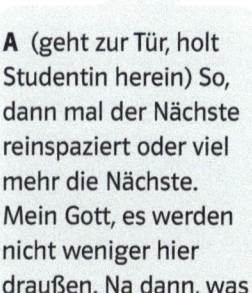 **Hören Sie die drei Einstiegssequenzen erneut und notieren Sie, welche sprachlichen Ausdrücke die Studierenden nutzen, um das Anliegen zu formulieren. Vergleichen Sie mit einem/r Partner_in und ergänzen Sie weitere Redemittel.**

Sprachliche Mittel:
Zum einen geht's drum...
Deswegen wollt ich fragen, ob ...

g In welchen Beispielen ist das Anliegen angemessen formuliert? Begründen Sie Ihre Entscheidung z. B. anhand der Kriterien formell / informell, konkret / unkonkret, sachlich / emotional.

1 Ich möchte gern die Sprechstunde nutzen, um eine Unklarheit zu besprechen, die ich aus dem Seminar zu inklusiven Methoden mitgenommen habe. Es geht um die Frage, inwiefern …

2 Ich will Ihnen gar nicht viel Zeit rauben. Wirklich nur eine klitzekleine Frage, die ich an Sie habe. Vielleicht können Sie mir ja helfen: Welchen Kulturbegriff soll ich denn in meiner Bachelorarbeit verwenden?

3 Bei mir geht's um die Hausarbeit. Also, zwei Fragen hätte ich. Eine ist, ob ich eine Verlängerung der Abgabefrist bekommen kann. Ich arbeite im Moment sehr viel nebenbei und … Die andere ist ein bisschen spezifischer zum Inhalt, nämlich …

4 Ich bin zu Ihnen gekommen, weil ich eine Frage habe zum Austauschprogramm mit der Partneruni in Mexiko. Auf der Webseite steht ja, dass …

5 Ich muss mich bei Ihnen jetzt mal informieren über die mündliche Prüfung am Ende des Semesters. Ich hab da angefangen das ganze Skript zu lernen, aber ich hab gleich gemerkt: Das geht gar nicht. Das ist viel zu viel. Können Sie mir eventuell sagen, worauf ich mich da konzentrieren sollte?

6 Frau Prof. Meyer, Sie müssen mir helfen. Ich mache mir echt Sorgen, wie das mit meiner Arbeitsgruppe weitergehen soll. Irgendwie funktioniert das nicht und ich weiß nicht mehr, was ich noch machen soll.

> // **KONTEXTUALISIERUNG DES PROBLEMS** // Sie wollen, dass Ihre Lehrenden Sie bei Ihrem Anliegen gezielt unterstützen. Deshalb müssen Sie sowohl Ihr Anliegen präzise formulieren als auch skizzieren, aus welchen Zusammenhängen sich dieses Problem ergeben hat. Was sind die Gründe dafür, dass Sie das Problem nicht lösen können? Warum glauben Sie, dass gerade diese Lehrperson Ihnen helfen kann? Beziehen Sie sich auf Aussagen oder Tipps der / des Lehrenden? Oder auf Gelesenes? Solche Informationen helfen bei der Einordnung. Auch diese Einordnung muss aber möglichst präzise formuliert werden. Achten Sie darauf, sich nicht in Details zu verlieren.

▶ 35 **h Hören Sie sich an, wie die Studentin aus Sprechstunde 1 in Aufgabe 3d ein weiteres Anliegen vorträgt. Worum geht es und was ist das Ziel der Studentin?**

Thema:

Ziel(e):

i   **Welche Strategien nutzt die Studentin, um ihr Anliegen zu kontextualisieren? Welche Bezüge stellt Sie her und wie begründet Sie das Anliegen? Halten Sie die einzelnen Schritte fest.**

1. erinnert Lehrperson daran, dass sie vor einem Jahr schon mal das Anliegen vorgetragen hatte
2. ...

...

j   ⚇ **Wie gut ist der Studentin die Formulierung ihres Anliegens gelungen? Haben Sie Verbesserungsvorschläge? Versuchen Sie diese Sequenz besser zu formulieren.**

k   ⚇ **Wählen Sie zwei Anliegen aus 1c und gestalten Sie gemeinsam die Einstiegsphase eines Sprechstundengesprächs. Stellen Sie diese den anderen Kursteilnehmenden vor und lassen Sie sich beurteilen. Machen Sie sich bei der Beurteilung der anderen Teilnehmenden Notizen zu den folgenden Kriterien:**

Konkretheit:

Verständlichkeit:

Vollständigkeit:

Sachlichkeit / Emotionalität:

Kontextualisierung:

(In)Formalität:

1 Hören Sie einen Ausschnitt aus der Problembearbeitung in einem Sprechstundengespräch. Markieren Sie und ordnen Sie in dem (gekürzten) Transkript zu, wie die Beteiligten jeweils handeln.

Lehrende (L)

1 dem Vorschlag / den Überlegungen des Studenten zustimmen • 2 (Alternativ-) Vorschlag machen • 3 Bewertung der Überlegungen des Studenten • 4 auf noch Fehlendes hinweisen • 5 vorherigen Hinweis relativieren

Student (S)

A Anliegen formulieren / einleiten •
B Zusammenfassung bisheriger Kenntnisse / bisheriger Arbeitsschritte • C Problem / Frage präzisieren / paraphrasieren •
D eigene inhaltliche Überlegungen darlegen / begründen • E mit Beispielen konkretisieren • F um Feedback bitten •
G nachfragen / um Präzisierung bitten •
H Alternativvorschlag machen

S: Genau, ähm, ich hab 'n paar Fragen zur Methodenbeschreibung, zur Methodenkritik. Da tu ich mich grad so 'n bisschen schwer. Ich hab mir verschiedene Sachen so zu Fragebögen an Literatur zusammengesammelt. Hab ich 'n ganz schönes Buch von Diekmann ge-
5 funden […]. Und ich bin mir also inhaltlich sicher mit dem, was ich gemacht hab, aber noch nicht so sicher, wie viel und was davon ich jetzt aufschreiben soll […]. Ähm, also ich hab mir überlegt […], dass ich halt beschreibe und begründe, was für 'ne Skala ich einsetze und warum […].
10 S: Und dann, was so mein Hauptschwerpunkt is, wo ich mich frage, wie ausführlich das sein soll, ist die Itemkonstruktion. Also ich hab bei Kallus so zwanzig Kriterien gefunden […]. Diekmann gibt da auch so zehn […] Kriterien an. Also vor dem Hintergrund hab ich die Items quasi überprüft und dann gegebenenfalls auch umformu-
15 liert. Ähm, es wär ja aber total übertrieben für 46 Items irgendwie diese ganze Liste nochmal abzugeben, ne.
L: Genau.
S: Also, was ich mir überlegt hatte – wo ich mir aber halt nicht so sicher bin, ob das ausreicht – ist halt, dass ich die einzelnen
20 Items inhaltlich nochmal paraphrasiere und halt schreibe
„In dem Item A 1 1" beispielsweise „frage ich das und das, damit erhebe ich dieses und solches", ähm, „mit dem Ziel das und das zu erfahren". […]
L: Das wär aber schon sehr ausführlich, ne, wenn man jetzt wirk-
25 lich jedes einzelne Item nochmal dezidiert begründet. Man könnte das auch in Themenbereiche zusammenfassen, aber / Also, wenn Sie jetzt sagen, das macht schon Sinn, auf jedes Item nochmal kurz einzugehen, dann kann man das schon so machen, aber das is dann schon, also, völlig ausreichend […].

A

B

L: Zur Auswertungsmethode müssten Sie noch was sagen.

S: Genau, also das dann auch eher in der Methodenbeschreibung? Ich hätte es ansonsten eher in dem Auswertungskapitel gemacht […]

L: Ja, das macht man mal so, mal so. Ja, genau. Das is immer unterschiedlich […]. Können Sie selber entscheiden, wo's jetzt in der Strukturlogik mehr Sinn macht für Sie. […]

S: Also is aber quasi so die Methodenbeschreibung aus Ihrer Sicht, so wie ich's mir denke, in Ordnung?

L: Ja.

S: Okay, gut. Genau, das wäre das und / Ach, genau, was ich noch vergessen hab […], war das Thema Gütekriterien. Also Diekmann legt da ja in seinen Ausführungen sehr sehr viel Wert drauf. Wo ich mich aber gefragt hab, inwieweit das für mich überhaupt anwendbar ist […], weil /

L: Sie können da kurz drauf eingehen, auf Gütekriterien qualitativer Sozialforschung oder empirischer Sozialforschung in dem Fall, aber das würd ich jetzt nich nochmal erschöpfend machen, also weil das sind ja so allgemeingültige Kriterien.

S: Also die Frage war, […] wie viel Dinge kann ich da aufschreiben, die tatsächlich auch 'ne wirkliche Aussage erzeugen, weil […].

L: Deshalb überleg ich grad, ob's da sinnvoller ist, in den Gütekriterien qualitativer Sozialforschung nochmal zu gucken. Aber nee, muss man gar nicht mehr drauf eingehen. Vielleicht an irgend 'ner Stelle dokumentieren, dass man in der und der Form versucht hat, denen Rechnung zu tragen oder so, ne.

S: Also dass ich dann vielleicht eher am Ende von dem Kapitel, wo ich die Items nochmal […]?

> // **PROBLEMBEARBEITUNG** // In der Phase der Bearbeitung Ihres Anliegens diskutieren Sie gemeinsam mit dem / der Lehrenden, wie Ihr Problem gelöst werden könnte. In der Regel kommen dabei verschiedene Handlungen vor, die typisch für Problemlöseprozesse sind: Man stellt Detailfragen, präzisiert diese mit Beispielen, fasst zusammen, formuliert um, wägt Alternativen ab, sucht nach Vor- und Nachteilen, begründet usw. Selten werden Sie von Lehrenden eine pauschale Lösung erhalten. Es kann sein, dass Lehrende lediglich Ihre Gedanken in eine bestimmte Richtung anstoßen, sodass Sie selbst geeignete Lösungen finden. Möglich ist auch, dass alternative Lösungen vorgeschlagen werden oder dass es keine klare Antwort auf Ihre Frage gibt. Solche Situationen können unbefriedigend für Sie sein. Andererseits haben Sie so die Möglichkeit, Ihr wissenschaftliches Arbeiten in Absprache mit Ihren Lehrenden ein Stück weit selbst zu gestalten. Wichtig ist, dass Sie Hinweise, Überlegungen und Absprachen für die weitere Arbeit notieren.

m 🧑‍🤝‍🧑 **Lesen Sie die kurzen Gesprächssequenzen zwischen Studierenden und Lehrenden. Tragen die Hinweise der Lehrenden zur Lösung der studentischen Probleme bei? Diskutieren Sie, wie Sie auf die Aussagen reagieren könnten, um das Anliegen zufriedenstellender klären zu können. Im Kasten darunter finden Sie Anregungen.**

1   **Student:** „Und ich dachte, vielleicht kann ich das Konzept der Assimilation von Esser dann mit dem der Multikulturalität von Benhabib in Beziehung setzen. Müsste das dann mit rein in die Arbeit?"
   Dozentin: „Na, wenn Sie das tun, dann müssen Sie deutlich machen, was das Ziel dabei sein soll. Also dann müssen Sie das schon deutlicher auf Ihre Forschungsfrage beziehen."

2   **Studentin:** „Ich hätte gern ein Feedback zu meiner Gliederung. Hier hab ich sie mal mitgebracht. Ich denke, sie ist noch viel zu umfangreich, aber ich bin mir unschlüssig, welche Punkte weniger relevant sind."
   Dozent: „Ich bin mir hier bei Punkt 3 nicht so sicher, wie Sie das überhaupt umsetzen wollen. Wollen Sie das nicht besser in zwei Unterpunkte aufgliedern?"

3   **Studentin:** „Ja, ich ich feile gerade noch ein wenig am Titel der Masterarbeit. Hier mal zwei Vorschläge. Bin mir nich so sicher, wie er alle Informationen beinhalten kann, aber trotzdem noch knackig bleibt."
   Dozent: „Ah ja, na in dem ersten haben Sie ja alle Schlüsselwörter der Arbeit vereint, das is schon mal wichtig. Aber er ist lang, ja. Beim zweiten fehlt die Art der Studie, also wie hier im ersten: „eine integrierte Fallanalyse". Aber das muss auch nicht zwangsläufig rein. Vielleicht überlegen Sie mal, was Sie ansprechen würde, was für Sie auch so den Effekt hätte, dass Sie zu der Arbeit greifen. Oder was für Sie am besten auch den Inhalt widerspiegelt. Antworten Sie auf eine Frage in Ihrer Arbeit, könnten Sie es ja auch als Frage formulieren. Und sekundäre Infos könnten Sie auch in einem Untertitel formulieren. Was meinen Sie?"

A   Ich bitte um ein Beispiel oder um eine Konkretisierung des Vorschlags.
B   Ich nenne mögliche Lösungswege oder Beispiele und bitte um eine Einschätzung.
C   Ich nenne Nachteile des Vorschlags und belege, warum er für mein Anliegen nicht umsetzbar ist.
D   Ich formuliere die Frage neu / um.
E   Ich mache auf noch bestehende Wissenslücken aufmerksam.
F   Ich fasse die bisherigen Überlegungen noch einmal in meinen Worten zusammen und sichere damit ab, dass ich alles richtig verstanden habe.

▶ 37a, b   **n** 🧑‍🤝‍🧑 **Überlegen Sie, wie Sprechstundengespräche abgeschlossen werden können. Vergleichen Sie Ihre Überlegungen dann mit den folgenden Abschlusssequenzen.**

o 🧑‍🤝‍🧑 **Führen Sie Ihr Sprechstundengespräch aus 3k fort. Tragen Sie zunächst zusammen, wie Sie das Thema präzisieren könnten und versuchen Sie dann spontan ins Gespräch einzusteigen. Tauschen Sie die Rollen in einem zweiten Dialog.**

Die mündliche Prüfung

1 **Eine mündliche Prüfung vorbereiten**

a Haben Sie bereits Erfahrungen mit mündlichen Prüfungen? Wie bereiten Sie sich darauf vor? Machen Sie Stichpunkte und diskutieren Sie.

Prüfungs-
vorbereitung

b Lesen Sie den folgenden Text. Was für eine Art von Text ist das? Notieren Sie, was hier geregelt wird.

(1) Durch mündliche Prüfungsleistungen sollen Prüfungskandidat_innen nachweisen, dass sie die Zusammenhänge des Prüfungsgebietes kennen und spezifische Fragestellungen in diese Zusammenhänge einordnen können. Außerdem sollen sie zeigen, dass sie ein Grundlagenwissen besitzen, das dem Stand des Studiums entspricht.

Geregelt wird: _Wissen, das geprüft wird_

(2) Mündliche Prüfungsleistungen sind von mehreren Prüfer_innen (Kollegialprüfung) oder von einem/r Prüfer_in in Gegenwart eines/r sachkundigen Beisitzer_in als Gruppenprüfung oder Einzelprüfung abzunehmen. Über den Prüfungsverlauf wird ein Protokoll angefertigt, in dem die wesentlichen Gegenstände und Ergebnisse festgehalten werden. In der Kollegialprüfung wird die Note von den Prüfer_innen festgelegt, anderenfalls wird der/die Beisitzer_in vor Festlegung der Note angehört.

Geregelt wird: _____

(3) Die mündliche Prüfung dauert regulär 30 Minuten. Abweichungen davon sind in der Anlage zur Prüfungsordnung bestimmt.

Geregelt wird: _____

(4) Das Ergebnis ist dem/der Prüfungskandidat_in im Anschluss an die mündliche Prüfungsleistung bekannt zu geben.

Geregelt wird: _____

> **// INFORMATIONEN SAMMELN //** Bevor Sie in eine mündliche Prüfung gehen, sollten Sie sich alle verfügbaren Informationen beschaffen. Lesen Sie auf der Webseite Ihres Studiengangs nach, gehen Sie in die Sprechstunde Ihres Prüfers bzw. Ihrer Prüferin und sprechen Sie mit anderen Studierenden. Grundlegende Informationen zu Ablauf, Dauer und Bewertung der Prüfung sowie zu den beteiligten Personen finden Sie in der Prüfungsordnung Ihres Studienganges. Inhaltliche Absprachen müssen Sie dagegen vorher mit den Prüfenden treffen, wenn das in Ihrem Studiengang üblich ist.

c Lesen Sie die folgenden Fragen, die Sie zur Vorbereitung auf eine mündliche Prüfung stellen könnten. Ordnen Sie diese Fragen den drei Kategorien *Zeit / Ablauf der Prüfung*, *Inhalte* und *Bewertung* zu (Mehrfachzuordnung möglich).

	Zeit / Ablauf	Inhalte	Bewertung 2,0
1 Wie lange dauert die Prüfung?	X		
2 Werden die Prüfungsthemen vorher festgelegt?		X	
3 Kann ich ein Einsprechthema wählen?			
4 Werde ich allein oder in der Gruppe geprüft?			
5 Welche Bewertungskriterien gibt es?			
6 Welche inhaltlichen Erwartungen hat der / die Prüfende?			
7 Gibt es mehrere Abschnitte bzw. Prüfungsteile?			
8 Muss ich etwas schriftlich vorbereiten?			
9 Welche Leistung muss man zeigen, um die Note 1 zu bekommen?			
10 Genügt das Wissen aus der Lehrveranstaltung oder muss ich mir selbstständig weiteres Fachwissen aneignen?			
11 Worauf wird in der Prüfung besonderer Wert gelegt?			
12 Wird ein Bezug auf aktuelle Forschungsliteratur erwartet?			
13 Muss ich Texte und Autoren kritisieren?			
14 Darf ich bei sprachlichen Problemen in eine andere Sprache (Englisch) wechseln?			
15 Gibt es vor der Prüfung Zeit zur Vorbereitung?			
16 Wie ausführlich sollte ich auf die Fragen antworten?			

d Notieren Sie drei Fragen, die Sie einer Prüferin bzw. einem Prüfer vor einer mündlichen Prüfung auf jeden Fall stellen würden. Wenn Sie bereits studieren, notieren Sie Fragen zu einer konkreten Prüfung in Ihrem Studiengang.

1 _____

2 _____

3 _____

e Welche der folgenden Aktivitäten sind in Ihrem Studienfach oder für Sie persönlich besonders wichtig bei der Prüfungsvorbereitung (1 = sehr wichtig, 2 = mittelmäßig wichtig, 3 = nicht wichtig)? Kreuzen Sie an. Ergänzen Sie ggf. weitere Aktivitäten.

	1	2	3
Ich recherchiere selbstständig in der Bibliothek nach Literatur.			
Ich konzentriere mich auf das Lernen möglichst vieler Fakten zum Prüfungsthema, vor allem mit Seminarmaterial / Skripten.			
Ich erstelle ein Thesenpapier oder Handout als Prüfungsgrundlage.			
Ich informiere mich über die Forschungs- und Seminarthemen meiner Prüfenden.			
Ich schließe mich einer Lerngruppe mit anderen Studierenden an.			
Ich überlege mir, was an verschiedenen wissenschaftlichen Texten zum Thema überzeugend bzw. nicht so überzeugend ist.			
Ich lese die Bestimmungen zur Prüfung in der Prüfungsordnung durch.			
Ich überlege mir Argumente für einen eigenen wissenschaftlichen Standpunkt.			
Ich gehe in die Sprechstunde, stelle Fragen zur Prüfung und spreche die Themen ab.			
Ich lese wissenschaftliche Texte von verschiedenen Autoren zum Prüfungsthema.			
…			

2 Prüfungstypen erkennen

a Hören Sie drei Ausschnitte aus mündlichen Prüfungen. In den drei Prüfungen werden von den Studierenden unterschiedliche Dinge erwartet: Fachwissen *anwenden* / in die Praxis *transferieren*, Fachwissen *darstellen* / *wiedergeben*, wissenschaftliche Standpunkte *kritisch diskutieren* (siehe Tabelle, Zeile 2). Ordnen Sie die drei Themen im Schüttelkasten beim Hören der richtigen Spalte zu.

[Migration / Integration • Substantivische Komposition • Politik]

Thema			
Was wird von den Prüflingen erwartet?	Anwendung von Wissen, Transfer von Fachwissen in die Praxis	Darstellung / Wiedergabe von Fachwissen	kritische Diskussion von wissenschaftlichen Ansätzen / Standpunkten
Merkmale (sprachliche Handlungen, Komplexität von Frage und Antwort)		*Begriffe definieren, …*	
Sprachbeispiele, Formulierungen		Wie definiert man denn …?	

b Notieren Sie in der Tabelle in Aufgabe a einige Merkmale dieser Sequenzen (z. B. typische sprachliche Handlungen, Beobachtungen zur Komplexität und sprachlichen Gestaltung von Fragen / Antworten).

▶ 39 **c** Hören Sie die Prüfungssequenz zum Thema Migration / Integration noch einmal in voller Länge. Ergänzen Sie weitere Stichpunkte in der Tabelle.

> **// WISSENSTYPEN IN PRÜFUNGSGESPRÄCHEN //** Laut Thielmann (2009) gibt es in der Wissenschaft eine sogenannte „Verbindlichkeitszone" und eine „Streitzone". In der ersten befindet sich das in einem Fach allgemein akzeptierte Wissen, in der zweiten dagegen das umstrittene Wissen, zu dem es (noch) keinen Konsens gibt. Überlegen Sie bei der Vorbereitung auf eine mündliche Prüfung immer, um welches Wissen es gehen wird. Für eine Prüfung über verbindliches Wissen müssen Sie viel „Lehrbuchwissen" bzw. Faktenwissen lernen (zentrale Fachinhalte, Begriffe usw.). In einer Prüfung über strittiges Wissen müssen Sie zusätzlich in der Lage sein, Fachwissen kritisch einzuschätzen und auch eine eigene Auffassung oder eine These zu vertreten. Letztere muss oft mit Bezügen auf die Fachliteratur begründet werden. Geht es dagegen vor allem um die Anwendung von gelerntem Wissen, brauchen Sie gute Beispiele und praxisbezogene Ideen und Vorschläge.

d 👥 Überlegen Sie zunächst allein, wie eine mündliche Prüfung in Ihrem Studienfach ablaufen würde. Machen Sie sich Notizen wie in der Tabelle in den Aufgaben a und b. Tauschen Sie sich anschließend in der Gruppe darüber aus.

3 **Prüfungsfragen richtig verstehen**

a Lesen Sie die folgende Prüfungsfrage und beschriften Sie die unterstrichenen Teile mit den Begriffen aus dem Schüttelkasten.

> Thema / Prüfungsgegenstand • Handlungsaufforderung •
> relevante Forschung / Quellen

Erklären Sie (1) doch bitte mal das assimilationistische Modell der sozialen Integration (2). Sie können dabei auf die Arbeiten von Hartmut Esser (3) Bezug nehmen (4). Und nennen Sie (5) bitte auch gleich noch zwei oder drei Kritikpunkte, die gegen Essers Überlegungen vorgebracht worden sind (6).

(1) _____   (4) _____

(2) _____   (5) _____

(3) _____   (6) _____

b **Lesen Sie die folgenden Prüfungsfragen. Unterstreichen Sie zunächst alle Operatoren. Ordnen Sie den Fragegruppen dann die passende Kategorie aus dem Schüttelkasten zu.**

Inhalte vergleichen / voneinander abgrenzen • Fachwissen auf Praxiskontexte anwenden • Inhalte wiedergeben / referieren • sich positionieren / einen eigenen Standpunkt vertreten • Wissen im Zusammenhang darstellen / erklären

1

Was ist …?
Wie definiert man denn …?
Nennen Sie doch mal die wesentlichen Merkmale!
Zählen Sie mal bitte die Vorteile dieses Modells auf!

2

Wie wäre das abzugrenzen von …?
Können Sie zwischen diesen beiden Konzepten etwas genauer differenzieren?
Stellen Sie mal bitte die beiden Theorien gegenüber!

3

Sie haben jetzt jede Menge theoretisches Wissen zum Kulturbegriff. Setzen Sie das doch mal in ein konkretes Fortbildungskonzept um. Was würden Sie denn da nun verwenden? Nehmen wir mal das Beispiel Deutschland. Was würde Essers Integrationsmodell in der Realität bedeuten?

4

Erklären Sie doch bitte mal, warum „Leichte Sprache" in den letzten Jahren an Bedeutung gewonnen hat und inwiefern sie zu einem besseren Textverständnis beitragen könnte!

5

Ich würd Sie bitten, dass Sie mal die Entwicklung der Germanistik in Südafrika in den letzten 20 Jahren beurteilen. Und gehen Sie bitte auch auf die Sichtweise von Krüger (2012) dazu ein. Da haben Sie sicher 'ne Meinung zu.
Hier könnte man auch anderer Ansicht sein. Begründen Sie mal Ihre Aussage!

c **Hören Sie im Folgenden fünf Fragen aus den bereits bekannten Prüfungsgesprächen. Notieren Sie, was die Prüfungskandidaten machen sollen.**

a *Inhalte wiedergeben / referieren (Begriff polity)*

b _____

c _____

d _____

e _____

d **Was bedeuten die verschiedenen Operatoren im Schüttelkasten? Ordnen Sie die Operatoren den Erwartungen der Prüfenden in der linken Spalte zu.**

> Erklären Sie … • ~~Benennen Sie …~~ • Gehen Sie auf … ein. • ~~Ordnen Sie … zu.~~ •
> Zählen Sie … auf. • Begründen Sie … • Skizzieren Sie … • Beschreiben Sie … •
> Erläutern Sie… • Fassen Sie … zusammen.

1 Es wird erwartet, dass Sie Fachwissen zusammentragen, auflisten und bezeichnen, ohne es argumentativ einzuschätzen.	*Benennen Sie …* *Ordnen Sie … zu.* *…*
2 Es wird erwartet, dass Sie das Wesentliche erkennen und kurz und knapp als Überblick darstellen. In der wörtlichen Bedeutung heißt das Verb: eine grobe Zeichnung anfertigen.	
3 Es wird erwartet, dass Sie längere Texte, Prozesse, Zusammenhänge usw. komprimiert (= kürzer) wiedergeben.	
4 Es wird erwartet, dass Sie Sachverhalte, Prozesse, Experimente, Personen und Situationen detailliert darstellen, ohne sie kritisch zu bewerten.	
5 Es wird erwartet, dass Sie in Ihrer Antwort zu einem Punkt, der in der Prüfungsfrage genannt wird, etwas sagen.	
6 Es wird erwartet, dass Sie Argumente nennen für eine Aussage, These oder Positionierung, damit klar wird, warum Sie diese vertreten.	
7 Es wird erwartet, dass Sie Zusammenhänge systematisch darstellen, so dass andere sie verstehen können, z. B. Theorien, Modelle, Untersuchungsergebnisse.	
8 Es wird erwartet, dass Sie einzelne Punkte, Zusammenhänge oder fachliche Gegenstände ausführlich mit zusätzlichen Beispielen und weiterem Wissen darstellen können.	

e Formulieren Sie drei verschiedene Fragen, die in einer mündlichen Prüfung in Ihrem Studiengang oder zu einem Thema Ihrer Wahl gestellt werden könnten. Verwenden Sie geeignete Operatoren.

1 Wissen abfragen
Beispiel: „Was ist ein Staat? Definieren Sie bitte den Staatsbegriff!"

2 Wissen anwenden
Beispiel: „Welche Rolle spielt staatliche Souveränität heute noch, wenn Sie so an aktuelle Krisen denken?"

3 Wissen kritisch einschätzen und eine eigene Auffassung vertreten
Beispiel: „Erläutern Sie den Staatsbegriff nach Jellinek und beurteilen Sie ihn bitte vor dem Hintergrund der aktuelleren Forschung dazu!"

4 Prüfungsgespräche aktiv mitgestalten

// **LANGE ANTWORTEN GLIEDERN** // Prüfungsfragen erfordern unterschiedlich komplexe Antworten. Der Fragetyp (W-Frage, Entscheidungsfrage, Alternativfrage, Frage mit / ohne Operator) sagt dabei nur wenig über die Komplexität aus: Auch eine Entscheidungsfrage kann in der Prüfungssituation nicht einfach mit ‚ja' oder ‚nein' beantwortet werden, sondern erfordert eine Begründung. Wenn Ihnen in einer mündlichen Prüfung eine komplexe Frage gestellt wird, die eine längere Antwort notwendig macht, dann sollten Sie versuchen, Ihre Antwort gut zu strukturieren. Eine klare Antwortstruktur ist hörerfreundlich, hilft Ihnen aber auch beim Nachdenken und Sprechen. Üblich sind: Gegenüberstellung / Vergleich, Aufzählung, Gliederung nach Priorität. Oft lässt sich diese Antwortstruktur bereits aus der Frage ableiten.

a **Hören Sie noch einmal den Anfang der Prüfung über Migration und Integration. Lesen Sie das Transkript mit und markieren Sie die sprachlichen Mittel, mit denen die Prüfungskandidatin ihre Antwort logisch strukturiert.**

Prüferin: […] Nennen Sie mir doch mal Perspektiven auf Migration und Integration, die sich in der Forschungsdiskussion finden lassen. Die ist ja doch sehr lebendig, diese Diskussion. Und erklären Sie bitte auch gleich mit, welcher Integrationsbegriff da jeweils dahinter steht.

Prüfungskandidatin: Ja, also, ich denke/ Ich würde da zwei Positionen sehen, die auch klare Gegenpositionen darstellen. Zum einen ist das die Position, dass Integration nur über Assimilation an die Mehrheitsgesellschaft funktioniert. Das sagt zum Beispiel Hartmut Esser, der hat ja da viele Artikel geschrieben, in denen er so argumentiert. Also das Individuum muss sich anpassen, muss die neue Sprache erlernen, muss neue Gewohnheiten ausbilden und so weiter. Das ist das assimilationistische Modell. Na und zum anderen ist da noch das pluralistische Modell. Da wird dann eher betont, dass die ethnische Herkunft, die bekannten Gewohnheiten, die Muttersprache und sozialen Beziehungen ins Herkunftsland wichtig sind und Vorteile für die Integration bringen. Ja, ist das ungefähr das, worauf Sie mit Ihrer Frage abzielten?

Prüferin: […] Auf welchen Ebenen geschieht denn Integration? […]

Prüfungskandidatin: Ja, man geht von vier Ebenen aus. Esser (2009) – der steht da übrigens auch auf meiner Literaturliste – der nennt die Kulturation, da gehts um Wissen, Kompetenzen, Gewohnheiten. Dann die Interaktion, also die sozialen Beziehungen. Äh das dritte ist die Identifikation, also dass man sich emotional zugehörig fühlt, und das letzte ist dann die Platzierung. Die ist sehr wichtig, denn da geht es um den Zugang zum Arbeitsmarkt, das heißt dann auch „strukturelle Integration". […]

b **Lesen Sie die Prüfungsfragen in der linken Spalte und ordnen Sie die passenden Antworten zu.**

1 Nennen Sie mir doch mal Perspektiven auf Migration und Integration, die sich in der Forschungsdiskussion finden lassen. […] Und erklären Sie bitte auch gleich mit, welcher Integrationsbegriff da jeweils dahinter steht. _B_

A Also potenziell heißt hier, dass das äh potentiell verstanden werden kann. Also zum Beispiel die Wörter einer Wortfamilie, wenn man den Wortstamm kennt. Im Vergleich zum rezeptiven Wortschatz …

2. Ordnen Sie bitte zu Beginn die Fertigkeit Lesen mal ein bisschen ein im Hinblick auf den Fremdsprachenunterricht. Und sagen Sie uns dann noch, was das Besondere ist in Bezug auf den Russischunterricht. _____

3. Welche Methoden des Literaturunterrichts kennen Sie denn? _____

4. Sie haben im Laufe des Semesters viel gelesen. Jetzt müssten Sie doch eine Idee haben, was für Sie eine transkulturell kompetente Person ist. Und was wird dann in der Forschung im Wesentlichen unter transkultureller Kompetenz verstanden? _____

5. Kommt es im Völkerrecht öfter mal vor, dass man als Volk keinen eigenen Staat hat, oder ist das was Besonderes? _____

6. Sie unterscheiden in Ihrem Thesenpapier zwischen produktivem, rezeptivem und potenziellem Wortschatz. Vielleicht können Sie vor allem letzteren mal genauer abgrenzen. _____

7. Was wären denn Ihrer Ansicht nach nun die wichtigsten Maßnahmen zur besseren Integration von Migranten? _____

B. Ja, also, ich denke / Ich würde da zwei Positionen sehen, die auch klare Gegenpositionen darstellen. Zum einen ist das die Position, dass … Na und zum anderen ist da noch …

C. Nein, das ist nicht so was Besonderes. Es gibt ja viele Volksgruppen, die nicht staatlich organisiert sind. Die Sorben zum Beispiel haben keinen Hoheitsbereich, aber man kann ja als Volk auch ohne zurechtkommen.

D. Also ganz generell lässt sich sagen, dass das Rezipieren von Texten natürlich enorm wichtig ist. Da wird neuer Wortschatz gelernt, bewusst und auch nebenbei. Na ja, und speziell für diese Sprache jetzt, da hat man die kyrillische Schrift als Lernproblem…

E. Ja, da gibt es viele, ich würd mich mal auf drei beschränken, die ich für sehr wichtig halte. Das ist erstens die handlungs- und produktionsorientierte Methode. Dann gibt es die Textanalyse und drittens noch …

F. Am wichtigsten ist sicher der Erwerb der Landessprache, denn so funktioniert ja soziale Teilhabe dann. Na und dann als zweites Arbeit. Der Zugang zu Netzwerken ist auch relevant, aber vielleicht weniger wichtig.

G. Also ich verstehe das konkret so äh, dass die Kultur nicht so separiert ist und dass ein Mensch einen bestimmten Lebensstil hat. Wenn man jetzt aber von einzelnen Begriffsverständnissen abstrahiert, gibt es doch nur eine Sache, die man überall findet …

c Markieren Sie in den Antworten in Aufgabe b die sprachlichen Ausdrücke, an denen die Antwortstruktur deutlich wird.

d Welche Frage-/Antwortstruktur kann man jeweils in den Beispielen in Aufgabe b finden? Ordnen Sie zu und ergänzen Sie die markierten sprachlichen Ausdrücke.

- **Aufzählung** _____

  an erster, zweiter, dritter Stelle; _____

- **Gegenüberstellung / Vergleich**   _1B_

  einerseits – andererseits; im Gegensatz zu; *zum einen – zum anderen;* _____

  _____

- **Vom Allgemeinen zum Spezifischen** _____

  generell, abstrakt > spezifisch, konkret; _____

- **Vom Spezifischen zum Allgemeinen** _____

  spezifisch, konkret > generell, abstrakt; _____

- **Gliederung nach Priorität** _____

  Weniger relevant; auch von Bedeutung; _____

- **Ja/nein-Antwort mit Begründung (und Beispielen)** _____

e Wählen Sie eine der Prüfungsfragen aus, die Sie in 3e notiert haben. Formulieren Sie eine Antwort und nutzen Sie dabei eine der Antwortstrukturen.

_____

_____

_____

_____

_____

_____

_____

_____

_____

_____

f Was könnten Sie in den folgenden Prüfungssituationen sagen? Notieren Sie einige Vorschläge.

1 Sie haben die Frage nicht verstanden:

_____

2 Sie haben Ihre Antwort beendet, aber die Prüferin sagt nichts:

_____

3 Sie kommen nicht auf einen bestimmten sprachlichen Ausdruck:

_____

4 Sie kennen die Antwort auf eine Frage nicht:

_____

5 Sie wollen sicherstellen, dass Ihre Antwort in die richtige Richtung geht:

_____

2a–e **g Lesen Sie die folgenden Tipps. Hören Sie dann fünf weitere Ausschnitte aus Prüfungsgesprächen. Welches Beispiel passt zu welchem Tipp? Ordnen Sie zu.**

Leg Dir einige Formulierungen zurecht, mit denen Du das Rederecht abgeben kannst, wenn Du nichts mehr sagen willst.

Hörbeispiel _____

Sprich in der Prüfung nur dann neue Inhalte oder Begriffe an, wenn Du mehr darüber weißt.

Hörbeispiel _____

Wenn Du eine Prüfungsfrage nicht richtig verstanden hast, solltest Du das sagen und z. B. um eine Wiederholung bitten.

Hörbeispiel _____

Wenn Du kleinere sprachliche Probleme in der Prüfung hast, ist das nicht schlimm. Frag einfach nach, z. B. wenn Dir ein Wort nicht einfällt.

Hörbeispiel _____

Rechne damit, dass Dir Prüfende in argumentativen Prüfungen manchmal widersprechen, auch wenn Deine Antwort nicht falsch war. Sie wollen Dich dazu bewegen, Deine Ansichten mit (weiteren) Argumenten zu verteidigen.

Hörbeispiel _____

5 Die schriftliche Prüfungsgrundlage

a 👥 Welchen Nutzen kann es für Prüfende und Studierende haben, in der Prüfung eine schriftliche Ausarbeitung (Themenpapier, Thesenpapier) zu verwenden? Tauschen Sie sich über Ihre Erfahrungen aus oder stellen Sie Vermutungen an.

b Sehen Sie sich zwei schriftliche Ausarbeitungen zu einer Didaktik-Prüfung an (◐ zu finden ist das Material auf allango). Welche Ausarbeitung entspricht Ihrer Meinung nach einem Themen-, welche einem Thesenpapier? Begründen Sie.

> **// DAS THESENPAPIER //** Für wichtige mündliche Prüfungen muss häufig ein Thesenpapier erstellt und vorher abgegeben werden. In einem Thesenpapier müssen Sie Ihr Wissen zu einem Thema so formulieren, dass ein Standpunkt erkennbar wird. Sie stellen sozusagen Behauptungen auf, die Sie aber natürlich gut begründen müssen. Ein Thesenpapier dient also dazu, wissenschaftliche Inhalte kritisch zu diskutieren. Die Prüfung ist dann eher ein argumentatives Gespräch, keine zusammenfassende Darstellung und Wiedergabe eines Themas. Sie müssen sich Ihre Thesen gut überlegen, denn Sie setzen mit diesen Thesen auch thematische Schwerpunkte und lenken die Prüfung mit. Ein Themenpapier ist dagegen weniger argumentativ angelegt. Es fasst die wesentlichen Inhalte der Prüfung und die verwendete Literatur zusammen und gibt Prüfenden eine Orientierung zu ihrer Prüfungsvorbereitung.

c 👥 Lesen Sie die erste These von Vorlage 2. Schreiben Sie zunächst allein auf, welche Fragen Prüfende zu den drei farbig markierten Elementen stellen könnten. Vergleichen Sie.

---

1. Warum sollten Musik und Lieder generell und warum speziell Popsongs Eingang in den FSU[1] finden? (vgl. Karyn 2006, Schmitt 2005, Oebel 2002)
Die Vorteile des Einsatzes von Musik können sowohl auf affektiver, inhaltlicher und sprachlicher Ebene konkretisiert werden. Der Umgang mit Liedern kann mitunter aber auch Gefahren in sich bergen, die es methodisch als auch inhaltlich in der Unterrichtspraxis zu berücksichtigen gilt (vgl. Seidl 2002).

1 FSU = Fremdsprachenunterricht

Beispiel: *Welche Standpunkte vertreten denn Schmitt 2005 und Oebel 2002 im Zusammenhang mit Ihrer ersten These?*

d ᕯᕯ **Suchen Sie sich zwei weitere Thesen von Vorlage 2 aus. Stellen Sie mündlich Fragen dazu.**

_____

_____

_____

e **Die Studentin nutzt verschiedene Möglichkeiten, um mit ihrem Thesenpapier die Prüfung thematisch zu gestalten. Suchen Sie passende Beispiele in Vorlage 2 für die in der Tabelle aufgeführten Möglichkeiten.**

Möglichkeiten, die Prüfung mitzugestalten	Beispiele in Vorlage 2
Nennen von Schlüsselbegriffen	
Verwendung von Begriffspaaren (Gegensatz)	_Vorteile / Gefahren (These 1)_
Einschätzung des Forschungsstands	
Lenken zu bestimmten Operatoren bzw. Handlungen	_Beispiele nennen: Übungstypologien (These 3)_

TEST

▶ 43 Hören Sie die Bearbeitung des Anliegens in einem Sprechstundengespräch und bewerten Sie die Handlungen und Charakteristika der Gesprächsteilnehmerinnen anhand der Skala. Ergänzen Sie ggf. weitere Auffälligkeiten.

Die Studentin...	++	+	0	–	––	Warum?
hat sich gut vorbereitet/kennt sich gut mit dem Thema aus.						
ist nervös und verunsichert.						
kann ihr Anliegen genau darstellen.						
hat eine konkrete Fragestellung.						
…						
Die Lehrende...						
nimmt die Interessen der Studentin auf.						
beteiligt sich an gemeinsamen Überlegungen und entwickelt Ideen.						
lässt der Studentin Zeit für Überlegungen.						
redet selbst viel.						
weiß nicht viel zum Thema.						
…						
Das Gespräch ist...						
unstrukturiert.						
hilfreich für die Studentin.						
…						

PROJEKT

🯅 **Erarbeiten Sie ein 10-minütiges Kurzreferat zu einem der folgenden Themen:**

- Prüfungsgespräche in germanistischen Studiengängen (siehe GeWiss-Korpus),
- Prüfungsgespräche in Ihrem Fach/Studiengang,
- Prüfungsgespräche in … (Fach), in … (Land).

Recherchieren Sie exemplarisch in Prüfungsordnungen und / oder im GeWiss-Handbuch (S. 15 ff.) zu den jeweiligen Prüfungen. Erarbeiten Sie sich die Prüfungsmerkmale und -anforderungen (Prüfungsphasen, beteiligte Personen, Zeit, Redeanteile usw.) und binden Sie – wo möglich – Audio- und Transkriptbeispiele ein, die Sie z. B. im GeWiss-Korpus finden können (s. Exkurs zum GeWiss-Korpus, S. 131 f.).
Halten Sie Ihre Kurzreferate. Diskutieren Sie im Anschluss darüber und stellen Sie Vergleiche zu den vorgestellten Prüfungsspezifika anderer Fächer oder Hochschulen an.

Exkurs zum GeWiss-Korpus

GeWiss ist der Name eines Projektes an der Universität Leipzig. Die Abkürzung steht für *Gesprochene Wissenschaftssprache kontrastiv*. Ziel des Projektes war es, eine Sammlung von Audiodaten und ihren Transkripten zusammenzustellen, die man für die Forschung und Lehre zur münd-

lichen Wissenschaftssprache nutzen kann: das GeWiss-Korpus. Es umfasst mehrere Teilkorpora mit Aufnahmen aus verschiedenen Ländern und Fächern. Das Korpus beinhaltet sowohl Vorträge von Expert_innen und Studierenden als auch Prüfungsgespräche. Es gibt Sprecher_innen, die Deutsch als Muttersprache und als Fremdsprache sprechen. Um detailliert zu erfahren, wie sich das Korpus zusammensetzt und wie Sie es nutzen können, lesen Sie bitte das Handbuch oder die Kurzanleitungen zum Soforteinstieg (unter **Recherche → Hilfe**).

> https://gewiss.uni-leipzig.de/

REGISTRIERUNG

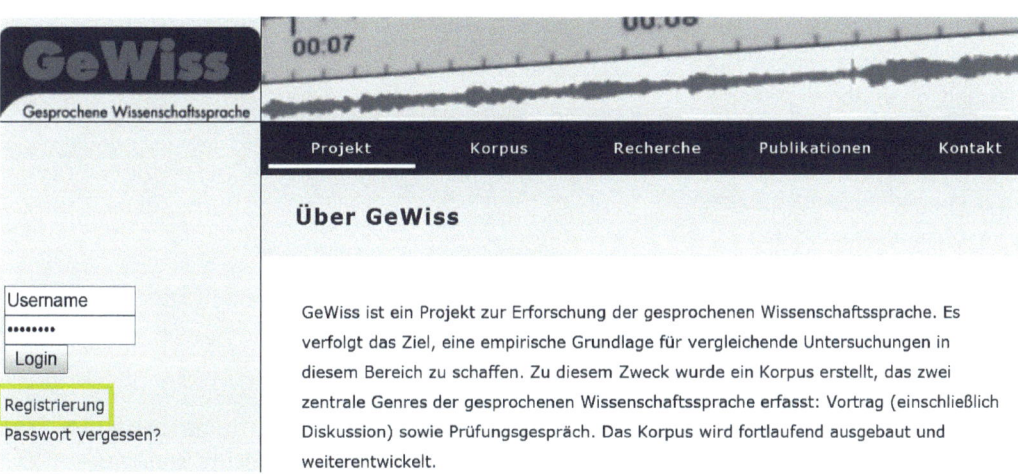

Um auf die Daten zugreifen und mit ihnen arbeiten zu können, müssen Sie sich zuerst online auf der Seite des GeWiss-Korpus registrieren. Dort geben Sie an, wer Sie sind und wofür Sie das Korpus nutzen wollen.

WAS BRINGT MIR DAS GEWISS-KORPUS?

Nach der Registrierung haben Sie vollen Zugriff auf die Daten. Sie können sich jetzt zum Beispiel studentische Vorträge oder Prüfungsgespräche anhören, sie in den Transkripten mitlesen oder nach bestimmten Redemitteln suchen. Sie können das Korpus nutzen, um
- sich zu Abläufen von Prüfungen zu informieren oder sprachlich auf Prüfungen vorzubereiten,
- um verschiedene Prüfungsstile und Fragetypen kennenzulernen,
- um Vorträge von Expert_innen und Studierenden zu vergleichen,
- um sprachliche Ausdrücke für verschiedene Sprachhandlungen herauszusuchen,
- um Ihr Hörverstehen zu üben.

Die Möglichkeiten sind vielfältig und können dank verschiedener Zugriffs- und Suchvarianten optimal genutzt werden (detailliert im GeWiss-Handbuch).

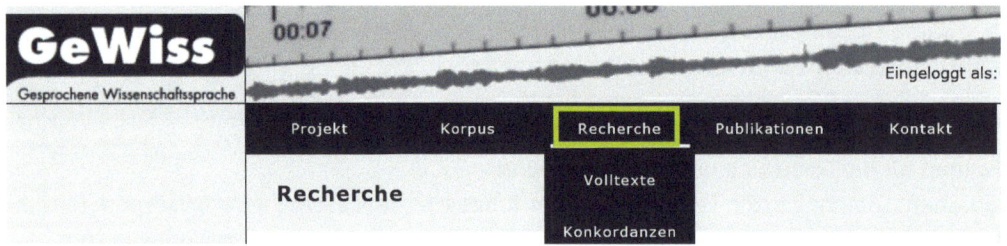

Unter Recherche können Sie vor allem auf zwei Arten auf die Texte zugreifen: über die *Volltexte* und über die *Konkordanzsuche*. Die **Volltexte** ermöglichen es, sich ganze Kommunikationen anzuhören oder mitzulesen. Sie können hier nach den unterschiedlichen Teilkorpora wählen.

Wenn Sie auf ein Teilkorpus klicken, können Sie die zugehörigen Kommunikationen und Sprecher_innen sehen sowie detaillierte Informationen zu diesen abrufen. Sie erfahren z. B., ob es sich um einen Gruppen- oder Einzelvortrag handelt, ob er abgelesen oder frei gesprochen wurde, wie die Sprachkompetenz der Vortragenden ist usw. Von hier aus gelangen Sie auch zu den Transkripten (Partituren) und den Audiodateien.

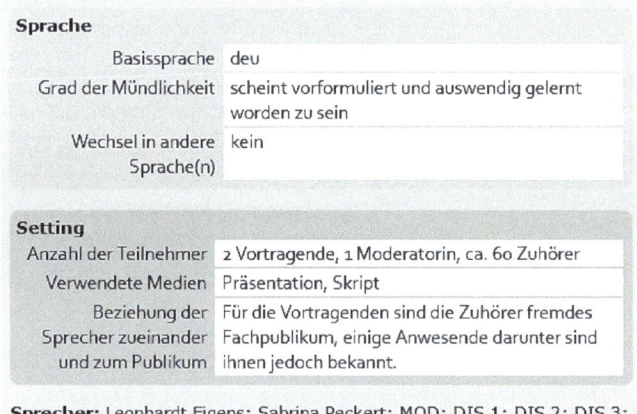

In den Partituren sehen Sie die verschriftlichte Kommunikation. Für die verschiedenen Sprecher gibt es jeweils eine Verbalspur mit den Redebeiträgen, eine Kommentarspur (weitere Anmerkungen, z. B. Abkürzungen) und manchmal auch eine Analysespur (z. B. Verweise und Zitate).

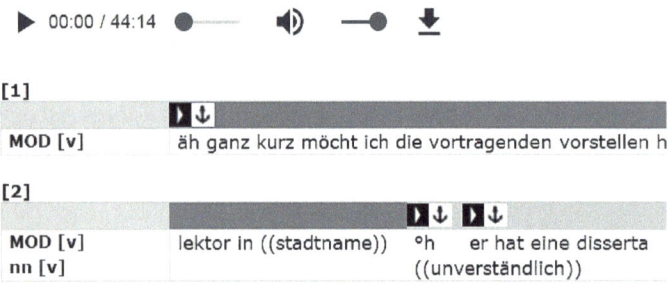

Unter **Konkordanzsuche** können Sie keine kompletten Kommunikationen einsehen, aber nach bestimmten Phänomenen suchen, z. B. nach bestimmten Wörtern oder Äußerungen. Sie haben hier die Möglichkeit, Ihre Suchergebnisse einzugrenzen, z. B. mit der Suche in nur bestimmten Teilkorpora (linkes Drop-down-Menü) oder in bestimmten Transkriptspuren (rechtes Drop-down-Menü).

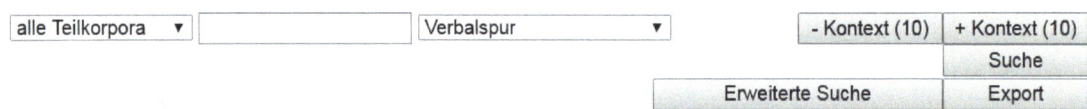

Wenn Sie nach bestimmten Wörtern oder Ausdrücken suchen, die die Sprecher_innen verwendet haben (könnten), suchen Sie in der Verbalspur und geben den Suchausdruck im mittleren Feld ein. Die Suche beginnt mit Enter oder dem Klick auf „Suche" (rechts). Die Anzeige erfolgt immer in einer Tabelle (Konkordanz), in der auch der linke und rechte Kontext zu der Äußerung oder dem Suchwort angegeben ist. Man kann diesen mit den Minus- und Plus-Feldern vergrößern und verkleinern.

In einigen Teilkorpora gibt es aber auch Analysen (Annotationen), die man durchsuchen kann, z. B. alle Ausdrücke zu Verweisen und Zitaten. Wenn man im rechten Dropdown diesen Punkt wählt, werden die jeweils damit markierten Stellen aus den Transkripten angezeigt.

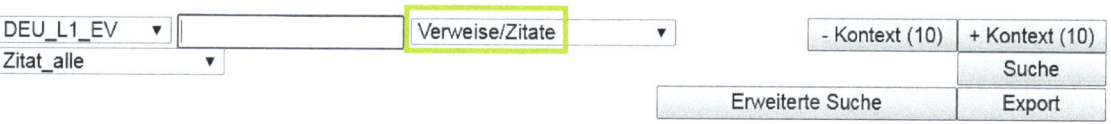

1 - 50 von 50 Gesamttreffern

Kommunika	Sprec	Linker Kontext	Treffer	Rechter Kontext	Annotation
EV_DE_096	OR_0236	der (0.4) öh (.) lin guistischen (0.4) di alektgliederung (0.9) äh h°	ada anders meint	°h man könnte di es mit der engen v erknüpfung der ob ersächsischen ver waltungsgeschicht e	Z_sinn_Kett e

Über die Fläche „Erweiterte Suche" können Sie Ihre Suchergebnisse verfeinern, filtern und eingrenzen. Sie können hier z. B. wählen, dass Sie nur Transkriptausschnitte einsehen wollen, die auf Deutsch stattfinden, die frei gesprochen sind, in denen Sprachwechsel ins Englische vorkommen oder in denen eine PPt-Präsentation verwendet wird. Mit „Aktualisieren" (oben rechts) wenden Sie Ihre Suchkriterien an.

Literaturhinweise

1 Wissenschaftliche Literatur

Thielmann, Winfried (2009): Wissenschaftliches Sprechen und Schreiben an deutschen Universitäten. In: Dalmas, Martine / Foschi Albert, Marina / Neuland, Eva (Hg.), Wissenschaftliche Textsorten im Germanistikstudium deutsch-italienisch-französisch kontrastiv. Villa Vigoni, Deutsch-italienisches Zentrum, 47–54.

2 Literatur für Beispiele und Übungen

Esser, Hartmut (2009): Pluralisierung oder Assimilation? Effekte der multiplen Inklusion auf die Integration von Migranten. In: Zeitschrift für Soziologie 38, 5/2009, 358–378.

Amelina, Anna (2008): Transnationalisierung zwischen Akkulturation und Assimilation: Ein Modell multipler Inklusion. In: COMCAD Arbeitspapiere - working Papers 41, Bielefeld. Abrufbar unter: https://www.uni-bielefeld.de/tdrc/ag_comcad/downloads/workingpaper_41_amelina.pdf.

Klemm, Albrecht (2012): Posterpräsentationen im Fremdsprachenunterricht. In: Fremdsprache Deutsch, Nr. 47, 24–29.

Hamann, Eva (2014): Motivationale Orientierungen zum Germanistikstudium. Fallstudie Togo und ihre überregionalen Implikationen. In: Mayanya, Shaban / Hamann, Eva (Hg.), Schwerpunkt der DaF-Studiengänge und Germanistik im östlichen Afrika, Materialien Deutsch als Fremdsprache, Bd. 91, Universitätsverlag Göttingen, 133–146.

Weitere Bände dieser Reihe

DEUTSCH FÜR DAS STUDIUM

Nadja Fügert • Ulrike A. Richter

Wissenschaftssprache verstehen

Wortschatz • Grammatik • Stil • Lesestrategien

Lehr- und Arbeitsbuch

DEUTSCH FÜR DAS STUDIUM

Nadja Fügert • Ulrike A. Richter

Wissenschaftlich arbeiten und schreiben

Wissenschaftliche Standards und Arbeitstechniken • Wissenschaftlich formulieren • Textsorten

Lehr- und Arbeitsbuch

DEUTSCH FÜR DAS STUDIUM

Ulrike A. Richter • Nadja Fügert

Wissenschaftlich arbeiten und schreiben

Intensivtrainer

Übungsbuch

Die Reihe Deutsch für das Studium

- hilft Ihnen, die sprachlichen, methodischen und organisatorischen Anforderungen im Studium oder bei der Promotion zu erfüllen – auf GER-Niveau C1.
- unterstützt Sie beim Verstehen und Anwenden der deutschen Wissenschaftssprache.
- kann als Selbstlernmaterial oder in studienbegleitenden Deutschkursen eingesetzt werden.

Wissenschaftssprache verstehen	978-3-12-675298-5
Wissenschaftlich arbeiten und schreiben	978-3-12-675311-1
Wissenschaftlich arbeiten und schreiben - Intensivtrainer	978-3-12-675298-5

Sprachen fürs Leben!